ANTOLOGÍA DE POESÍA QUEER

QUEER

Una imaginación radical

Ángelo Néstore (ed.)

ANTOLOGÍA DE POESÍA QUEER

Una imaginación radical

Héctor Aceves
Txus Garcia
Berta García Faet
Pol Guasch
Laia López Manrique

Antón Lopo
Roberta Marrero
Juanpe Sánchez López
Sara Torres
Gabriela Wiener

ESPASA ES POESÍA

ESPASAesPOESÍA

Primera edición: marzo de 2024
Tercera edición: diciembre de 2024

Preimpresión: MT Color & Diseño, S. L.

Depósito legal: B. 3.079-2024
ISBN: 978-84-670-7253-2

Espasa, en su deseo de mejorar sus publicaciones, agradecerá
cualquier sugerencia que los lectores hagan al departamento
editorial por correo electrónico: sugerencias@espasa.es

www.espasa.com
www.planetadelibros.com

Impreso en España / *Printed in Spain*
Impresión: Liberduplex

Editorial Planeta, S. A.
Avda. Diagonal, 662-664
08034 Barcelona

Prólogo
Una imaginación radical

En el imaginario colectivo que normalmente se nos comparte, la casa representa una de las pequeñas fantasías de lo humano: es un espacio seguro, el lugar en el cual se encuentra sosiego frente a las amenazas del mundo exterior. La ley patriarcal, ese conjunto de reglas, costumbres, tradiciones, ritos, que subordina e invisibiliza ciertas realidades, también coloniza y canaliza nuestro deseo, educándonos en la reproducción y repetición de estructuras idénticas y estables, que suelen coincidir con el culmen de la madurez y la celebración de la vida adulta: tener, por ejemplo, una casa concreta en la cual formar una familia concreta, criar a tu descendencia, aparcar el coche después de una jornada de trabajo. En fin, amar y ser amade de una manera determinada y no de otra.

Pero, ¿qué ocurre cuando esa casa se convierte en un bastión, en una amenaza? Como nos recuerda Elisa Coll en su brillante novela *Nosotras vinimos tarde*, muchas de las personas que vivimos desde la disidencia de género hemos experimentado violencia u opresión en el lugar en el cual se nos había prometido paz y amor. Recuerdo cuando, de pequeñe, me encerraba en la habitación, me ponía la sábana como si fuera un vestido de noche e imaginaba estar en cualquier otra parte, ya que mi propio hogar se había convertido en un sitio hostil; o cuando me sumergía con la ilusión de la infancia en los libros que había en casa en busca de una historia que me interpelase, sin éxito.

Este libro coral pretende, de alguna forma, devolverle a ese niñe, a todes les niñes que lo encuentren en la estantería de una librería, la posibilidad de imaginar nuevos horizontes y de susurrarle al oído a aquellas voces con las que yo también quise entablar un diálogo, pero que nunca encontré. Poder amar es poder hacer preguntas y a muches esto se nos ha negado. Las políticas de la norma sobre los discursos amatorios han expulsado toda fantasía que se alejara de los parámetros de la heterosexualidad o, como mucho, han intentado incluir cualquier desviación dentro de su imaginario, ya que, como nos recuerda Hélène Cixous en *La risa de la medusa*, se nos tiene que reconocer para dominarnos.

Entonces, nosotres hemos tenido que convertir el espacio público, la calle, los antros, las noches en los lugares donde poder reconocernos, donde celebrar de forma colectiva nuestro deseo, abierto y poroso. Nos hemos organizado en subculturas de afectos capaces de reorganizar de forma silenciosa el orden del deseo, no para amoldarlo a la cultura heterosexual sino para generar nuevas posibilidades de relación y goce. Y así me gusta imaginar este libro, como una fiesta entre amigues, como un conjuro queer capaz de resignificar la palabra «casa». Juntes intentamos reeducar nuestras fantasías, borrar la huella del colonialismo del deseo a través de una imaginación radical, de la experimentación y de la creación de comunidades de afectos divertidas y sinceras, donde poder repensar esas ideas de familia, de descendencia y de amor adquiridas. Las afueras, los márgenes, a pesar del riesgo de la exposición pública y de la violencia, se han convertido en una casa abierta donde poder estar más felices porque la felicidad es tan sencilla como vivir juntos. Siento que las personas, fantasmas, criaturas, monstruos, animales que habitan estas páginas están cansades de tener que justificar su mera existencia y manifiestan la urgencia de celebrar unas formas distintas de vida, de generar con ellas otras poéticas vitales e intimidades anómalas, como diría la filósofa tucumana Carolina Meloni, que nos ayuden, con otras historias y experiencias, a crear nuevas maneras de habitar, de vivir y de gozar.

De ahí, el pensamiento queer, que nace fundamentalmente del activismo en las calles, en los márgenes de los márgenes, nos ofrece las herramientas para que estas realidades sean entendibles, amplía las posibilidades del deseo, incluyendo aquellos cuerpos que han sido tratado como desviados, silenciados o, simplemente, tolerados desde una visión paternalista. «No queremos que [...] nos toleren, ni que nos comprendan: lo que queremos es que nos deseen», decía el poeta y activista Néstor Perlongher. No es de extrañar, entonces, que los movimientos queer hayan sido iniciados por el colectivo bollero chicano de California, por personas migrantes, indígenas, pobres, seropositivas, trans, con pluma. En este sentido, lo queer ha venido a complejizar, a re-territorializar el espacio del deseo y dejarnos crecer como cuerpo sensible.

Y si la norma nos percibe como esas criaturas bárbaras, posiblemente no exista lugar más idóneo en el lenguaje para llevar nuestro balbuceo —el bar bar— que en la grieta de la poesía, desde la belleza de su marginalidad. La escritura queer y, en concreto, la escritura poética queer, predispone el lenguaje al juego, a la ruptura de las expectativas sobre la relación entre las palabras tal y como ocurre en otros géneros o en la cotidianidad. Lo conduce a la deriva. Y es precisamente esta plasticidad extraordinaria la clave para abrir la posibilidad de la imaginación utópica y de re-escritura de un relato violento y excluyente. Ahí, donde nadie nos mira, donde nadie nos espera, podemos (re)inventar(nos), tropezar, fracasar, (re)crear(nos). Jugar nos hace felizmente vulnerables. Y cuando bajamos las defensas ante las expectativas del lenguaje estamos también más abiertas a cualquier desvío y a recibir lo extraño como algo que puede interpelarnos y hasta modificarnos. Porque, en el fondo, bajar las defensas significa relajar el cuerpo, pensar en la otredad, ese otre que no comprendemos necesariamente, como en alguien que no viene a hacernos daño sino a alucinar nuestro camino y ofrecernos más opciones de goce y felicidad. De esta forma deseo que os entreguéis a cada uno de los poemas que habitan esa casa/calle abierta.

Si percibimos lo queer no como una identidad sino como una posibilidad de entendernos desde lo relacional, hemos pensado que un libro polifónico como este sería la mejor forma de abordar algunas posibilidades de los deseos queer. Sin ninguna pretensión de ofrecer un conocimiento exhaustivo o esbozar un canon, queremos dejar constancia de unos momentos que forman parte de un relato actual y pensado en el contexto nacional, registrar la búsqueda del misterio, del estado deseante y de su libertad radical. De ahí, la selección de voces y poéticas que nos ilustran la pluralidad del deseo tanto en las formas como en los contenidos, sin olvidar la inclusión de las lenguas y literaturas minorizadas. Ojalá este libro os haga un poco más niñes y un poco más animales, como lo hizo conmigo.

ÁNGELO NÉSTORE

ANTOLOGÍA DE POESÍA QUEER

UNA IMAGINACIÓN RADICAL

Parte I

SOY UNA FERIA

JUANPE
SÁNCHEZ LÓPEZ

los cielos terrestres

Así la vida desaparece
transformándose en nada.
Víktor Shklovski

la imagen y la nata y las horas
en las que tú
y yo supongo haremos

    hombre
    sobre
    hombre

u otras cosas torpemente
y la imagen y la nata y las horas
son de extraña rareza por la noche
volarán los humos y el vaso siempre
medio vacío me arrepiento de la primera
comunión

he visto tu corazón
y lo encuentro   muy sentido
Gil de Biedma,   amigo mío

después de los hipos gritas el error
-mis semas son de ante, -mi yerma la mano!

la belleza es inexacta
y cruel y a veces dulce
como el amor y a veces duele
y se va y vuela como los pájaros

si yo no puedo desnudarme sin dos nudos
sin dos nudillos contra dos nudillos
sin sentir mi carne en medio
de la pista de baile
o sin sentir el derrumbamiento del derrumbamiento
o el derrumbamiento del desdoblamiento

pero no estoy solo
en el poema estoy conmigo
/para ti   el placer
el peso/
y si soy un libro la autoría
no me pertenece
aunque me digas *te quiero*

porque la para-sabiduría el para-aprendizaje
del amor oscuro nos dice que no podremos
amar si no nos amamos a nosotros mismos
y otras tonterías que pueden contradecir
las lógicas de la vida y a judith butler
y a berta garcía faet y a roland barthes
y a mi madre y a amaral todo de una vez

por todas las veces
que me dices *te quiero*
y hay algo quizás el yo
o quizás una baba algo traviesa
que se me escurre por la boca

solo entiendo la existencia escurridiza
de mi cuerpo a través de ti

sí,
un triste tópico un cliché
pero yo estoy irremediablemente desarmado
en la cara de la existencia
y la existencia depende de la belleza
y la belleza depende de cómo me miras   supongo

y por eso tengo nostalgia de lo que no existió
me mueve me conmueve me remueve
la imagen y la nata y las horas
y nuestras canciones me arrastran en el
tiemblo en las ciudades de pluvia
y el agua de la pluvia será ferida
será vertida o un indecente indefenso
momento en el que se saca a reducir
la infancia o las noches revertidas
para aprender y/o coaprender y/o reaprender
el amor en madrid nápoles ámsterdam
y quizás nueva york

mi amor, idolátricos
los márgenes y las gráficas y los jardines
y las cimas y los semas y la soledad
robamos tempo al tiemblo
y nos rehacemos las trenzas
de barro del poema y sí
querríamos la decadencia de la razón
accidental y/o descubrir que todo lo bello
ni es bueno ni verdadero
que la ficción nos presta sus formas
y el cuerpo es una imagen flota
un poco de nata y unas horas
y un corazón que hace sombras
y hace todo parecer y perecer
y vamos juntos a bailar sobre las palabras
y vamos juntos allá más allá de las vallas
y espera que está sonando
nuestra canción favorita
y después de todo *todo*
lenguaje es un tam tam

si la vida no son estos relámpagos
si no es esta mentira una tómbola
una puerta entornada un sonido típico

si la vida no es celebrar los cielos
alucinar las lunas montar

montañas abanicar árboles
qué podemos pedir entonces?
qué podemos decir entonces?

por ahí me han dicho que eres muy guapo
y he pensado que a lo mejor
podríamos salir juntos unos años

2020. las formas lingüísticas o algo más están atravesadas inevitablemente por otras formas como las de producción, instrumentalización y profesionalización y algo más y les impiden coincidir en tiempos y espacios iguales condenándoles a una ausencia permanente

no me gusta el mundo del recuerdo no me gusta el mundo del recuerdo y bailo contigo baila conmigo vamos a decir juntos que estamos hartos de bailar sobre las palabras sobre estas palabras que cuestan sudor y tiempo y esfuerzo pronunciarlas vayamos a bailar a un mundo distinto a este vayamos a bailar al mundo de la coincidencia:

    *te leo estos poemas y coincidimos en que hay sonidos bonitos que disimulan el cráter del corazón te leo estos poemas y a veces no me escuchas te leo estos poemas y de repente te olvidas que tú nunca estuviste aquí aunque siempre estuviste más adentro más abajo de las palabras disimulando la concavidad fangosa que habían dejado los n_{novios} con los que coincidí antes que tú ~ tú estabas más abajo de las palabras disimulando las $n_{palabras}$ hirientes que ralentizaron el paso por el camino manchado.

*coincidimos en que el futuro es incierto e inexacto y que vivir por y para el futuro es cruel y despiadado porque nos convertimos en maquinarias desgastadas, en pájaros (gaviotas de 1933) que tiran de unas cuerdas atadas a un trineo que amenaza con aplastarnos.

*coincide que la vida son cuerpos llenos de vida que quieren coincidir.

*el recorrido del trineo es, muchas veces, coincidente con la forma del cráter y el recorrido del vuelo del pájaro funciona, otras tantas veces, como un cometa de los cielos.

*qué poca coincidencia que seamos dos pájaros que tiran de trineos distintos y que para que no nos aplasten tengamos que volar continuamente debilitando y delimitando las veces que coincidimos.

*coincidir es, según su etimología latina, caer juntos en el mundo pero ocurre que el mundo no siempre es el mejor de los mundos posibles y ocurre, también, que en este mundo coincidir ha de ser sinónimo forzoso de querer coincidir, de querer caer juntos en el mundo que nos separa.

*si dejamos de coincidir, acuérdate de que en cualquier otro mundo —en un mundo donde los trineos vuelen solos— volveremos a coincidir.

Souvenirs de mis novios: o cómo los recuerdos cambian de color

Oh novio inverosímil en el portal de atrás
ÁLVARO POMBO

So I fall into continents and cars
LORDE

CUENTO I

una vez tuve un novio
tan alto tan alto
que nunca lo alcancé

se llamaba novio imaginario
y tenía la cara de un vientito de calor
y las manos como un mapa de los patios

CUENTO II

novio imaginario se colaba
por las canciones y sus camisetas
siempre bonitas
siempre le quedaban genial
yo las guardé

hice una trenza con ellas
y las hechicé
les dije lo que me dijo mi abuela
llegaréis muy lejos trencitas
y las tiré hacia novio imaginario
pero mi cabeza acabó hecha un lío
era todavía un niño
casi sin vocabulario

CUENTO III

estuviste en granada
y te acordaste de mí
o eso decía tu camiseta
novio inverosímil
de brazos cruzados

estuviste en granada
ay qué bonitas esas fotos
novio inverosímil
me mandas algunas
estrellas recién cogidas
me mandas dos o tres
señales para malinterpretar?

novio imposible
estuviste en granada
pero te fuiste a sobreinterpretar
dos o tres años
algunos textos literarios

novio imposible
estuviste en este poema
y no te acordaste de mí a ninguna hora
qué pena
siento sentir mucho las cosas
siento que tengo un problema

CUENTO IV

ahora en serio
yo tuve un novio inverosímil
con su coche rojo y todo
con sus toques y sus antojos
me hablaba de caballos
y de rock y de mis fallos

ahora en serio
no te vas a ir nunca verdad?
será una tarde de mayo
como en aquella del baile

llegarás en forma de mensaje
o de recuerdo o de perfumes extraños

no me iré nunca verdad?
miento solo lloro solo es en este viaje
no me escuchas no te entiendo
no te preocupes yo me perdono

no no ahora en serio
siempre hubo señales en tus gestos
del daño que me iba a hacer esto
me desprendo de tus sonrisas
y exploto mis jardines como dinamita

CUENTO V

¿volverán volverán todos mis novios?
¿volverán volverán y me dirán
qué guapo estás?
¿volverán y me amarán
todos a la vez?
se me amarrarán todos mis novios
al pelo mojado y a la camiseta
me besarán me desbordarán
todos los vasos y los chicos de la fiesta
volveremos volveremos

tú y yo a caer en el mundo real
novio de verdad
en el coche todos somos iguales
siempre queriendo buscar otros lugares
subiré entonces el volumen de la música
no quiero escuchar más mis tonterías

mi amiga me dice que todos estamos
más o menos deprimidos

por ahí viene mi amiga
por ahí viene mi amiga y me dice
vamos a cazar los rincones oscuros del mundo
le digo no no ahora no
sabes que las ballenas pueden vivir
200 años? sabes que no como
lagartijas encendidas
desde anoche mismo?

por el mismo agujero por el que se va
yo me agacho y tiro del hilo
sabes que si posas tu mano en mi oído
se escucha lo negro del mar? le grito

por ahí vuelve mi amiga
por ahí vuelve mi amiga
y ha recogido años de ballena
me los trae en un ramillete
enciende los candelabros rectos
me dice sabes que cuando las lagartijas
se istman apagan el mundo

conjuntaremos los dos? le pregunto
se truena se truena en la orilla
los dos nos mojamos de risa

...

ella entiende que yo
no llego a los sitios
cuando quiero
llego cuando puedo
y que coger atajos
coger atajos tristes
es también una forma
de no llegar a tiempo

...

cuando por fin nos ausentamos
cuando por fin tocamos con las palmas
las lagartijas de recuerdos azules y
las colas centenarias de ballena
no cabemos
échate para allá le digo
y así nos hacemos felices
por fin un hueco en el mundo oscuro

BERTA GARCÍA FAET

Elegía desde el silencio que queda en el campo de batalla una vez Troya-mi-corazón queda devastada

Sin burla

I.

Helena,
han pasado siete siglos desde que en un aeropuerto
                                        [deprimente
dijéramos las últimas palabras sin el filtro de las
                                        [máquinas
(¡tu voz: cómo tu voz se rebelaba contra la última
                                        [llamada,
cómo llorabas, pequeño artefacto-corazón-vesánico!);

han pasado numerosas unidades temporales
                                        [escalofriantes
por nuestros suaves cuerpos quebradizos: han pasado
                                        [siete siglos
desde que una canción de Queen *Live at Wembley*
nos creciera en el vientre, y luego explotara
inesperadamente como una bomba vieja
(todo esto está grabado en vídeo);

pero ahora, pequeña Helena-buena-y-mala,
                              [escúchame
desde tu árbol o tu fábrica: quiero hablarte;
estés donde estés,
hoy quiero hablarte.

II.

Helena,
esta noche de fiebre y fiebre impura a secas y afilada,
he soñado algo terrible, he soñado con paralelogramos
del color más horrible, del color de los labios cuando
raspan;

y se nos caían encima como losas y aviones cuando
                              [huyen,
y mataban todo, y no nos dejaban ni explicarnos.

Yo no hui, lo sabes. El tiempo. Siempre el tiempo.
Ahora digo: cómo puedo llegar hasta ti cuando el
                              [tiempo
nos ha rodeado la cintura, como en otro tiempo unos
                              [brazos,
hasta dejarnos marcas, hasta sorbernos todo,

y en especial esa cierta amistad inquietante y

                                    [completa
que, lo sabes bien, era infinita.

Tú, pequeña Helena-vulnerable-y-valiente y

                                  [plenamente rosa,
siempre, desde el primer día en el rojo-ocre barrio de

                                  [Cambridge,
siempre, desde las noches de las luces deshaciéndose en
nosotras,
siempre has estado conmigo,

no tu cuerpo
sino ese mantra-pluripotente-música-fondo-de-

                                  [pantalla,
esa frase final de la carta final que escondiste en mi

                                  [maleta:
«Gracias
por ser el espejo
donde puedo reflejarme sin prejuicios».

Aunque no te vea desde hace siete siglos,
en los que amé, y fui amada, el típico cliché-verdad,

                                  [y siempre.

Ahora dime, Helena, el secreto de la memoria: dime
cómo debo recordarte

sin cometer mutilación o suavidad;
y que la respuesta
sea la respuesta
a todos los problemas que produce el tiempo
cuando quema.

III.

Ahora dime, pequeña Helena-de-vainilla,
inmigrante ilegal,
sufrida inmigrante ilegal sin identidad —sólo fuerza—,
sufrida inmigrante ilegal que, para integrarse
en la sociedad de las secretarias respetables y
                                          [estudiosas
del máster más humilde de Estados Unidos
(por las noches
cuando no hay amantes que exprimir ni fruta fresca)
vestía trajes
grises con camisas plenamente rosas
(¡llorabas: cómo llorabas por el desarraigo, cómo yo
                                          [lloraba,
cómo hilabas la novela con la boca!);

pequeña Helena, sin padre, con acento todavía,
a estas alturas del exilio, a estas alturas, Helena,
con la madre loca y los hermanos lejanos
en alguna miserable isla del Caribe, pobre y visceral

como las ratas,
sufrida Helena devastadora en la batalla
con los hombres en las camas (turcos, rusos, italianos);
ahora dime,
pequeña Helena-mística-y-brutal,
que todo lo casabas moviendo rítmicamente el dedo
                                                    [índice,
que todo lo pintabas con el cuerpo marrón de
                                    [bailarina en el Sophia's,
sufrida Helena, pequeña huérfana-marginada-y-
                                                    [bulímica,
la única, la verdadera,
la más querida,
dime

¿dónde y a qué temperatura
olvidamos que nos habíamos encontrado,
y menospreciamos el milagro, permitiéndole
                                            [desdibujarse?

IV.

Una vez, en un lugar o en el mundo,
una vez en la vida, en un lugar o en el tiempo
—digo esto deshaciéndome como la trenza negra
en la espalda negra helada—

nos encontramos. Y puedo asegurarte que fue
completo, y trascendió
cualquier definición deseable de cierta amistad
o amor o verdad, y fue
sublime:
nuestras pequeñas miserias, un xilófono de huesos de
[pájaro,
algo ridículo, risible:
he aquí la materia prima de nuestras teorías para cazar
[al mundo.

Y también fuimos de compras.
Y también compartimos maquillaje.
Y escribimos juntas unas pequeñas variaciones a un
[Capriccio
y, lo sabes bien, fuimos felices
encontrando la talla exacta del zapato perfecto
para nuestro corazón-vesánico-cabeza-de-hidra-siempre
[-de-gala.

Pensarás: bah, melancolía... No,
Helena: no, o sí, si es melancolía
pensar durante meses cómo rendirte tributo
sin ocultar
la negligencia propia y la propia de la estructura
de la vida, siempre arrastrando, siempre sin tiempo:

rostros
que importan, pero se desvanecen; manos
que un día lo fueron todo, pero caminan
sin nuestra mano ya.

                  Sólo que algunas noches
como esta, en la que me acosan paralelogramos de
                             [carne podrida
y esperanzas amordazas con trapos limpios,
me acuerdo de ti,
y te hago preguntas;
estés donde estés,
te hago preguntas.

V.

Helena epifenoménica, lejana, intocable,
¿estás muerta? No, Helena. No, si la vida
es también lo que no entiendo.

¿Y cómo te irá la vida?
Ya no eres secretaria formal ni vives en el Este;
sigues guapa, has adelgazado,
pero creo que te he perdido.

Me has escrito un e-mail muy extraño en el que
                                    [hablabas
—a mí o al universo— de universos, amor global y
                                    [astros.
Helena, pequeña flor-robusta-y-suave-y-quebradiza,
diminuto dado-de-cristal-manzana-roja,
sufrida y alegre Helena-amiga-mía,
¿qué ha sido de ti? ¿dónde duermes ahora?

Lo sé. No expliques nada. Lo sé todo.
Lo sé. No te avergüences. Cada uno, su absurdo.

Ahora, pequeña Helena, has dejado todo atrás,
y te pintas en la frente flores robustas de henna;
te fotografías con camaradas desnudos y follaje y
                                    [hogueras,
Helena, minúsculo ciervo-arrollador, mujer-exacta
y fuerte y sangre y paradoja en otros tiempos:

ahora,
Helena mía,
estás envuelta en una túnica granate,
y vives en una comuna,
en algún bosque cerca de San Francisco;
ahora, diminuta Helena-luz-oscura, me mandas e-mails
                                    [muy raros
que me asustan, y tiemblo como en otros tiempos

(qué extraño verte así a pesar de los océanos y tras una
                                [pesadilla:
estoy aterrorizada: creo que te he perdido);

ahora, amiga-mía-incluso-pareces-feliz,
ahora, pequeña Helena,
me hablas de Hare Krishna,

y me hablas de mantras pluripotentes sobre la
                                [reencarnación
en las secuoyas,
y tienes dos hijos preciosos, Solei y Chandrika, lo sé
por Facebook.

Emma

Para Emma

I.

Emma,   por ti traduje un libro feo
de castellano a inglés   quedó
ridículo

ceñí caligrafía   pasional e informativa
en las páginas medrosas   de la fricativa *SHE*

bebí un brebaje celta   dispuse versos ralos
te espié desde lejos   pero fue inútil:

ni te besé el perfil   ni agité la colcha   tú
te fuiste   yo lloré   nadie me vio   lo

típico

II.

Emma,   temí tu estatura
de cerilla   o ave
hui

del muslo blanco   quemé
un roble joven

me asustó el libre albedrío de las frutas prohibidas
por el Estado

deserté del surco entreabierto por la boca del amor
postgénero

confieso mi desliz: no soy valiente
apolilla mi corazón   un ratón agrio

sigo el ritmo   de la formación de montañas
tengo el sexo   del nenúfar gigante del amazonas
soy
torpe
bien, ahora lo sabes: sigo el ritmo
del pecado capital
de la melancolía   escribo

poemas   con 3 años de retraso   esto mejor
por favor   no
lo leas

III.

Emma,   por ti canturreé afónica   cerca del muelle

y tú contradecías
mis *juicios*   *sintéticos*   *a priori*   (pobrecitos)
invocando el desencanto final de Bertrand Russell

(decir *ELLA* fue como extender un líquido   rojo
                                                 [como la
sangre de orca asesina
pero no era sangre   era vino feliz   era una rosa
irregular
sin gramática)
un día
para convencerme
recitaste una canción de *Shiny Love:*   *Platt Fiction*

ahora te imagino   en un escenario
con tu pelo rubio   y tu voz rubia   qué amor
                                            desafinado
con qué agilidad
            me escapé
                de ti   me callé todo
deserté   sí   así

de fácil

IV.

Emma: Nantes   engarzaba colinas en raíles
de tranvía
y un río
imitaba a la espina dorsal de una mujer de California

El arte no es mimesis   Si este poema fuera mimesis
tendría que retratarnos a ti y a mí   aquella noche
en la parábola
del ventanal, todos
en huelga

la nuca al aire y
un lazo azul (dádiva y feudo),
proclamando que el oxímoron es parte de tu *sex
appeal*

ahora te imagino   en un escenario
con tu pelo rubio   y tu voz rubia   *por ejemplo
                                                [me arrepiento
de correr*

ahora te imagino   *por ejemplo me arrepiento de no apretar
tu mano*
en un escenario   *por ejemplo*   sácame en una canción
si

te atreves

Oye qué edad tienes? Pareces una mujer

oye qué edad tienes? pareces una mujer

soy una o dos mujeres
de pinchosas piruetas

deseas cuerpos? cabellos negros? renglones
esbeltos
suculentos?
frutas
redundantemente sexuales?

la excursionista
festecha a mi llevadadelamano cruz
que, por estrecheces que han sufrido sus exuberancias
y por rara y por nerd,
quiere ser atea y los domingos
habla de los sábados
                                    porque el tiempo, que preocupaba
                                                    [a ricoeur,
es más raro que un perro verde,
que un perro verde chartreuse

mis saludos *holaaa eooo holaaa* ilusionados
ventanamente como la felicidad
se encaraman al derrame;
porque siempre digo «holaaa» cuando nazco
y siempre digo «a pasar buena noche, familia»

oye qué edad tienes? pareces un corcel

soy uno o dos corceles
y una centaurea

soy la excursión soy la fiesta

deseas movimiento?

what can you do with your own historicity
baby
and what can you do with mine?

sí, deseo

la menta piperita
mar rosa
el cauro, que el cauro hincha mi corazón

señoritas divinas
siempre con novio...!

y hombres con pecas y un suéter...!
cabellos...!

palabras claroscuras

huir por (a causa de) la lluvia
por (a través de) la lluvia

HÉCTOR ACEVES

II. Poema tradicional de amor

Podría escribirte un poema tradicional de amor.

Ya sabes: con sus soles y sus flores y motivos literarios.
Uno de esos poemas esculturales que te aíslan con su
aura inverosímil,

como un novio guapo pero celoso.

Sucede, sin embargo, que hoy hace un día increíble:
la claridad inunda nuestras pupilas con su polisemia
y las naranjas son extrañamente dulces,

pero sobre todo sucede que quiero hablar contigo,

no con el eco de mi propia voz.

Me propongo sonar, entonces, como dos personas que
se acercan en una fiesta para escucharse. Será mejor así.

Si te soy sincero, tampoco me apetece que esto sea
                                        [un metapoema.

Tan solo un puñado de palabras que sirva de mantra

a nuestros corazones pequeños

y vanidosos.

Algo que se sienta como aire que vuelve

de súbito a la boca

—igual que una canción pop—

para acrecentar aún más lo incomprensible del mundo,
y del blanco de la nieve, y de la perfección de las bom-
billas, y de los cuerpos

que se separarán.

Espera, ¿qué acabas de decir?

Fuck you, poem.

III. Si Venus fuese un chico

He believes in a beauty
He's Venus as a boy
BJÖRK

La idea de que el sol se haya posado antes en el lugar
exacto que ahora pisas me parece absurda,

como lo es que el mundo sensible

—los girasoles que se vuelven, el peso de las catedrales
simétricamente levantadas, el color de tu piel en otros
rostros, los vientres hinchándose por un amor que
no es el nuestro, el aire impaciente—

nos preceda. En fin,

de solo pensarlo me entra la risa,

como me río al pensar que estamos aquí, enteramente
aquí, por las calles de una ciudad cualquiera

llena de individuos que sienten arrebatos extravagantes
hacia los demás, con ansias de crear bucles léxicos,

de hacer un corte nuevo en algo antiguo,

de lavar sus cuerpos en aguas intocadas,

mientras al fondo del universo un dios le dice a otro que tiene un mal día porque está dejando de creer en nuestra existencia

y que está considerando hacerse un peinado a la moda,

y un poco más al fondo hay una fe de erratas flotando ante la nada

(indica un error insalvable al principio de todo).

Qué se le va a hacer.

Pero cómo no alegrarme de lo frágiles que somos

si la historia de la materia,

de cada choque entre astros, de cada titánica reaparición de la vida, de cada horizonte de posibilidades, de cada nacimiento, de cada enamoramiento, de cada muerte,

si, en definitiva, cada hecho irrepetible y más grande que nosotros, ha tenido por consecuencia tus manos,

tus manos con sus detalles sin finalidad.

Somos seres ciertamente cómicos, ciertamente vulgares.
Nuestra forma de entender el mundo es deseándolo.

Estoy seguro de que, si Venus fuese un chico, tendría
tu nariz,

y yo me consagraría a la belleza

o algo por el estilo.

¿Te imaginas?

VI. Variación de un fragmento de Safo

Un igual a los dioses me parece
el hombre aquel que frente a ti se sienta,
de cerca y cuando dulcemente hablas
te escucha, y cuando ríes

seductora. Esto –no hay duda– hace
mi corazón volcar dentro del pecho

SAFO

Entramos a un museo en el que hay muchos chicos en pantalones cortos.

El vello de sus piernas se extiende rebelde como si desafiase, con la sencillez más pura, la sutileza de los óleos.

En todas las salas se produce un juego de miradas tímidas

(algunos han venido con sus novias)

entre ellos, entre ellos y nosotros, entre nosotros,

que nos mantiene alerta.

Estás bellísimo observando a un rubio casi imberbe
que, cuando no te das cuenta, también te observa,

y te escucha con disimulo en el momento en que me
hablas, seductor, de los secretos de un cuadro
                              [prerrafaelita

y cuando ríes dulcemente.

El corazón se me inclina dentro del pecho, y no sé
hacia quién.

Tu voz sucede a la vez en él y en mí. Me pregunto
cómo suena en sus oídos, más grave o más aguda, dulce
o cautivadora,

si, en este momento, bajo su piel fluye lo mismo que
bajo la mía

o si le recorre un sudor ligero pero delator.

Las obras maestras, siempre tan territoriales,

se percatan de que les robamos el protagonismo y
sienten una mezcla de fascinación y envidia,

pero la bidimensionalidad les impide hacer nada, como
si fuesen fantasmas.

Aun sin ser parte activa de este mundo, son testigos eternos de sus maravillas:

los jóvenes teniendo citas en su templo, perdiéndose por sus galerías con el descaro de quien puede moverse

y con la descortesía de quien se sabe deseado.

Tiziano se derrite. El Bosco asegura que la muerte está cerca. Velázquez tararea una canción de los dos mil.

Y nosotros somos conscientes de lo que nos ocurre,

de que los cuerpos se atraen de forma extraña y pegajosa,

y crean nudos imprevisibles.

Pero para qué seguir fingiendo:

quiero verte amar a otros,

amarte mientras amas a cualquiera.

XIV. Los amantes se quedan dormidos al final

La sobremesa se ha alargado. En las copas vacías se refleja el cansancio de nuestros rostros, sus claroscuros remarcados por efecto del vino.

El olor de la tarde recién estrenada invita a la siesta.

La luz verde nos aborda desde las ramas de los árboles, que se mecen como movidas por un hipnotista.

Acurrucados tras la conversación, nuestros pensamientos se adormecen a la vez.

Olvidamos poco a poco lo que nos arrepentimos de haber dicho

que hirió al otro,

lo que no llegamos a decir

que nos hirió a nosotros mismos.

El orgullo cede espacio a una postergada aceptación.

La manta del pícnic está arrugada y llena de restos de comida y envoltorios, aunque al principio nos esforzamos en que nada produjese un desequilibrio,

aunque nos esforzamos en encajar limpiamente.

Así suceden las cosas: las imperfecciones se abren paso entre tanta simetría.

Seamos sinceros. Este parque no nos gusta y hoy no hemos disfrutado como imaginábamos.

Ya ves, quién nos iba a decir a nosotros,

que leímos con fe ciega a los místicos, que vimos todas esas películas con planos geométricos, que idealizamos a hombres con miedo a expandirse,

quién nos iba a decir

que a la vida le aburre la belleza.

El sol insiste sobre nuestros cuerpos como si nos llamase a algo más,

pero le ofrecemos, aquí y ahora, un bostezo simultáneo.

XXVI. Lugares donde quienes se amaron se amaron mucho

Amor, amor, aquí se acaban los poemas.

Perdóname. Esto ya no es poesía.

Si acaso un desahogo o una declaración atroz.

No más épica, no más lírica.

Yo solo quiero confesarte que, en el pasado, ansié tener entre los dedos las certezas

(después supe que incluso en ellas crece el moho).

Aprendí prácticas ocultistas y me registré en páginas de contactos con idéntico objetivo.

Me enamoré tantas veces como pude con la esperanza de que la conjunción entre el tú y el yo desapareciese.

Hice sitio en la cama a seres excéntricamente hermosos que me generaron impulsos terribles, pero el sexo me decepcionó en el mismo sentido en que lo haría la filosofía.

Inocentemente, quise resolver el problema de lo múltiple,

ser a la vez una nube, un pájaro en su vuelo, el vuelo, una epidemia de gripe o una palabra en la boca de un adolescente con gripe.

Amor, amor, con apenas dieciocho, me esforcé en creer en las doctrinas. Leí a los indios y a los griegos en busca de paz sagrada.

Mandé a la mierda a mi psicólogo.

Tuve entre mis manos a Nāgārjuna y a Plotino. Cuando me aseguraba de estar a solas, los lamía con fervor.

Lo siento, lo siento. Es que su textura es rugosa y enternece,

como cuando la lengua toca el hueso de la fruta sin querer.

Intenté sortear cualquier desliz semántico, ser un cuadro no figurativo, y me hice poeta. Ya ves tú qué tontería.

Probé suerte con san Juan y con santa Teresa, con la amada en el amado transformada y con quienes mueren porque no mueren. En fin,

quise olvidarme de mí mismo, convencerme de que soy igual que un pez y de que la conciencia es una trampa,

pero no, amor,

amor, no soy ni seré tus ojos, ni una concha arrastrada por el mar, ni tus ojos en el mar, ni la tierra ablandada por la lluvia, ni la lluvia que mojará tu piel.

No soy ni seré nada más que este corazón pequeño

y eternamente vanidoso.

Este corazón al que le gusta el pop y el roce.

Amor, amor, me da vergüenza admitir que busqué ser trascendente, algo como una esfera pitagórica

o una catedral sostenida por los siglos.

Creí que la belleza me salvaría. Oh, Dios.

Yo, que iba para idea, tuve el descaro de desear ser más que carne.

Menos mal que el aburrimiento, mi fiel aliado, siempre estuvo ahí para recordarme mi naturaleza.

Nací amparado por la constelación de Géminis: me canso rápido de todo.

Joder.

El día que nos encontramos, el sol temblaba. Me pregunté si eras una emanación o un profeta.

Quise unirme a ti en un solo cuerpo, ser una pelota,

un verso perfectamente medido

u otras trampas de la luz,

pero ahora nos miro, amor,

amor, con nuestro paso torpe, nuestros rostros asimétricos, nuestra lengua vulgar,

amor, nuestra lengua viva desde aquel agosto,

como dos esculturas de bajo presupuesto riéndose

en los lugares donde quienes se amaron se amaron
mucho,

nos miro, amor, y pienso

Qué bonito. *Vale.*

Parte II

ALUCINACIONES

GABRIELA WIENER

Huaco erótico

Quiero tener sexo explícito
como un huaco erótico mochica
Así con las caras serias
y mirándonos a los ojos de pez
Porque los huacos eróticos tienen sexo para siempre
Duran miles de años más pegados que los perros
Y yo quiero vivir pegada por el culo en un mito
sin dormirme
sin sufrir
sin amar
sin acabar

Yo los vi follar en el museo cuando era niña
Nos llevó mi profesora de historia
Los escolares colapsaban de risa y estupidez
Yo moría de miedo de que alguien dijera
Que una de esas putas mochicas se parecía a mí
por puta y por marrón
Y lo hicieron.

En los años 60s la entrada estaba prohibida para los
[niños
Como ahora la educación sexual
Todos los que no quieren educación sexual son
[violadores
violadores de niños
Y eso que los niños también son racistas

Había falos enormes
Misioneros
Dioses castigadores
sacrificios humanos
Sexo oral
Sexo anal
Sexo ritual
La pose del perrito calato
Había maricas
Pero no había sáficas
¿En qué armario del museo estarán escondidas?

Había esqueletos teniendo sexo
La muerte se follaba a varios
Con la misma pasión de siempre
Con el mismo orgasmo del que no se vuelve
Si no es degollada

Yo quiero follar de color marrón
follar monócromo
follar sin pensar que quiero complacerte
follar sin trabajar
sin sudar
Estoica como la mujer arcilla
que se masturba en Lambayeque
Departamento de La Libertad.
Allí donde quieres irte a vivir

Yo quiero ser el barro del barro labrado de las pieles
Una sola en nuestras redondeces entrelazadas
Tan idénticas que podría pensar que estoy sola
¿O estoy sola?
¿O me he duplicado?
¿Me he perdido?
¿Te he perdido?
¿Ahora soy yo todo eso que fuimos juntas?

Me revuelvo en mis propios sonidos y silencios
Soy hija de la noche del búho y de los zorros
Y hago llover cántaros sobre los surcos de la frontera
                                              [agrícola
hasta pintar bosques salvajes sobre el adobe
Sembrar bellísimas flores y conchas marrones
desde mi caballito de totora ahogándose en el sol

En los campos desérticos de la Huaca de la Luna
Vida y muerte tienen sexo hasta el amanecer
Muy cerca de La leche
Antes de nuestra última decadencia

Un día me encontrarán en una tumba
en la tumba de alguna dama poderosa
de 25 años
Como la momia de Cao
la reina del valle de Chicama
Me encontrarán viva
Fastuosa
cubierta de lapislázuli, cuarzo y turquesa
follando para siempre
como un huaco erótico mochica.

Embarazadas

Una vez escribí un libro sobre mi embarazo.
En él contaba lo mucho que me calentaba
ver a otras embarazadas desnudas.
Imaginar cómo sería follar con ellas.
Era igual a decir que tenía ganas de follar
conmigo misma.
Mis hinchadas tetas parecían de otro cuerpo
y solo de mirarlas ya me ponía cachonda.
Las altas temperaturas de la carne.
El bebé empujando hacia abajo.
El clítoris endurecido.
La vagina dilatada.
Los pezones aún más negros.
y todo lo demás abriéndose a la vida.

Pensaba mucho en sexo
hasta delante de mi madre.
Durante mi agridulce espera
—esa larga masturbación—
Vi porno de preñadas
Y sexteé con una como yo

Y vi pelis de Madison Young
Vi embarazadas postporno follando entre ellas
Y a puérparas con arnés penetrando
Mientras chorros blancos
brotaban de sus pezones.

Hasta que por fin
Mi fantasía de hacer el amor
Con una embarazada
se cumplió
el día que embaracé a mi novia.
Y nos prometimos
como Cristina Peri Rossi
llevarlo al zoo los domingos
esperarlo a la salida del colegio
y hacer todo para que cuando creciera
ningún fascista de mierda le pegara un tiro.

Una cosa es estar preñada
y otra muy distinta es follarse a una
o que ella te folle a ti.
Es mil veces mejor.
Y recordé a esos jodido tíos de mierda
Que no se follan a sus mujeres embarazadas
Porque están gordas
o porque tienen miedo de aplastar al bebé.
A una amiga mía la dejó su marido

Porque ella le puso los cuernos embarazada
El imbécil pensaba
que era como si el otro se hubiera follado a su hijo.
Las veces que abracé a mi amiga por eso.

A otra amiga mía la despidieron embarazada
del medio donde trabajaba
El que la despidió acaba de abrir otro medio.

Cuando hacía el amor
Con mi novia embarazada
Le comía el coño suavemente hasta las lágrimas
Y sentía que se lo comía a la diosa Parvati
Que ella era sagrada y estaba bañada en oro
Y me corría convencida de que ella me paría a mí.
Que yo brotaba por primera vez de su vagina
como una bebé bañada de líquido amniótico.

Ahora tengo una amiga embarazada
madre soltera
Que liga mucho por Tinder
Porque está embarazada
Pero solo con tíos
Porque también hay esos tíos de mierda
A los que les excita follarse embarazadas
Porque es como follarse
a la mujer de otro.

Eso dicen los mequetrefes.

Pero liga cero con mujeres

Y no sabe por qué

Yo tampoco sé

Solo quiero follar con mi amiga embarazada

Y destrozar su estadística

Y hacer como si el mundo fuera un lugar maravilloso

Idea para una versión antirracista de Otelo

En el Madrid post 8M, cuna del feminismo hegemónico, el gobierno de la Comunidad, liderado por su presidenta, la escritora Luisa Peixa Etxebarrría, ha conseguido dar marcha atrás a todas las leyes proclamadas por el ministerio anterior, empezando por la Ley Trans, dejando a las personas transgénero en el desamparo e iniciándose las anunciadas Guerras Terf.

La segunda medida, a punto de ponerse en marcha, es la ley que penaliza duramente a cualquier persona que se dedique al trabajo sexual, lo que ha recrudecido el acoso cotidiano que sufren las putas. En la ciudad se ha institucionalizado todo: los espacios son exclusivamente feministas hegemónicos, blancos y cis, y funcionan con dinero público.

Solo un terco y obstinando centro social okupa autogestionado transfeminista antirracista sigue activo en un barrio del sur. En Venecia, que así se llama el CCSS, Otele (sudaka no binarie), Casia (mujer trans racializada y mejor amigue de Otele), Desdémona (pareja española blanca de Otele, poliamorosa, cis mujer), Yaga (mujer cis blanca butch y secretamente racista) y Rodriga (amiga cis blanca butch de Yaga) conviven y ofrecen refugio para mujeres, hombres trans y trabajadoras sexuales, sobre todo racializadas.

En medio de su militante vida comunitaria en el hogar queer disidente, Otele y Desdémona han empezado a hablar de poliamor, de deconstrucción del amor romántico y de cómo trabajar los celos. Pero otras pasiones menos nobles subyacen a esta convivencia: Yaga quiere ocupar el lugar de Otele en la asamblea, donde elle tiene gran influencia. Últimamente ambas discrepan políticamente casi en cualquier cosa que se plantee, pero algo aún peor se esconde en las sombras. Yaga oculta un incómodo secreto: desde hace un tiempo acude a las asambleas paralelas de las tránsfobas abolicionistas y trabaja secretamente para ellas. No sentirse imprescindible políticamente en Venecia, ni amada por la persona de la que está enamorada, la ha sumido en la soledad y el aislamiento. Intoxicada de rabia y frustración, ha comenzado a labrar su venganza. Su misión consistirá en intrigar dentro de la okupa hasta debilitar a Otele. Ha descubierto la debilidad de la sudaka: sus celos e inseguridades producto de años de sufrir violencia racista. Y hará todo por hacerle sentir amenazade.

En realidad, tanto Yaga como Rodriga están enamoradas de Desdémona y juntas trabajan en un plan para separar a las novies: hacer creer a Otele que Desdémona y Casia tienen un romance intenso al margen de Otele, quien acabará creyéndose víctima de la falta de cuidados y de la responsabilidad afectiva de su pareja. El objetivo final de Yaga es sembrar el caos y tomar Venecia, el último reducto antiTerf en Madrid, convertirlo al terfismo y echar a Otele, quien también le atrae oscuramente, de allí.

Ligándome una ucraniana

Le dije a la ucraniana
Yo sé cantar en ruso.
Sé decir manzana
compañero
pez
alegría
en ruso.
Si Putin invade España me servirá para algo.
Me reí de borracha.
Ella me ignoró un poco.
¿Puedo cantarte?
Le pregunté.
Venga sí, contestó con algo de pereza.
Le canté *esmiela tabarich fnogu* al oído
Me suena de algo, dijo y cambiamos de tema.
A mi papá le encantaba jugar Age of Empires,
Le conté
la era de los imperios.
Sí, él que era un antiimperialista acérrimo,
se divertía fabricando ciudades y fortalezas
en su vieja PC de los noventa.

Mi padre odiaba los imperios.

Quizá por eso jugaba con ellos y contra ellos.

Yo le hablaba de Nikita Mikhalkov.

y él me hablaba de Alain Resnais.

Hablábamos de lo mismo.

A mi papá lo purgaron de un partido trotskista.

aunque suene paradójico.

Ahora que hemos vuelto al siglo xx.

A los días en que todos nos preparamos para ir a la
[guerra.

Y no sabemos vivir de otro modo

Ahora que estamos más viejos que nunca.

me acuerdo de lo que dice Svetlana que la salvó de
[morir:

pensar en las alegrías vividas antes de la guerra.

Pienso por ejemplo en un pez

En el estanque del Parque de la reserva

Refugio de reservistas

De la Guerra del Pacífico

Un pez en el circuito mágico del agua

Chorros de agua y láser

sincronizados con la música

Mi pez sin corazón

Uno muy alargado naranja

Con bigote y los ojos dorados y quietos

Al alcance de mi pequeña mano feliz

chapoteando tras él

sin de verdad querer atraparlo.
Cualquier cosa como un pez
Que nunca se deja atrapar.
Un pez contra la guerra.
Dime dulce amor,
le digo a la ucraniana.
Que no olvidarás
Este mágico atardecer.
Que derrite al enemigo
Como una bomba en la nieve.

TXUS GARCIA

Mama

Perdí la ternura de una madre
el 23 de noviembre de 1974.

Aquel sábado, y de un corte muy fino,
el médico me parió de madrugada.
Fue una programada fuga,
una liberación de la matriz;
separación aséptica, desdeseo cruel.

Me hiciste causa de tu rabia:
habías tenido que empollarme
atemorizada y áspera,
y tú solo querías ser gorgona,
amarga y tacaña ama de llaves.

Desde entonces que te espero,
huérfana

en una sala de neonatos.
Empapada de tristezas
y de miedo.

Fue al día siguiente,
al caer la tarde,
que unas manos de pescador
lloraron la alegría de mi llegada.

Ocupé un espacio que no tocaba,
la camita que tenía que ser de un niño,
el heredero que velara por los padres,
hombre casado de bien con tres hijas que
conservara pan, sal, hacienda y barca.

Desde entonces que te espero,
huérfana.
Gordo pajarraco trans* sin plumaje, atrapado
en la rama torcida del árbol familiar,
escuchando tu acre voz ancestral:

Te nutriré y el canje será tu albedrío
amamantaré un bello síndrome de Estocolmo
y heredarás repelús, miseria, gritos de loca.
Dormirás eternamente en un nido
de ansiedad, brea y pelusas.

Sentirás dentro de ti,
por siempre jamás,
herrumbre, exclusión
y bastardía.

Panspermia

And I'm floating in a most peculiar way
And the stars look very different today.
DAVID BOWIE, *Space Oddity*

Aun a pesar de tener relojes rotos en los
baúles, en las Nubes de Magallanes se
guardan los más absolutos y recónditos
momentos.
CARMEN CORTELLES

Es como atrapar
a mano desnuda
la cola gaseosa de un cometa.
Hacerla añicos, después,
con los molares encendidos.

Depositar,
con mucho cuidado,
las partículas de agua,
el hielo seco,
el hierro y los silicatos
entre la devota dermis.

Lamer el núcleo de polvo y piedra,
sublimarlo a golpes de cadera;

precipitar los materiales sólidos
y despeinarse con vientos solares.

*¡Que el paroxismo orgánico
propague vida a nuestro universo!*

Es descongelar materiales fósiles,
perder fuerza centrípeta,
amar la colisión.
Nos acercamos al sol
a mordiscos.

Podríamos fundirnos ahora,
pero solo nos volatilizamos.
Encontramos planetas fértiles donde
pasar la noche y crear nuevas especies.

Nos abrimos como cráteres.
Somos microorganismos
en sintonía celular,
energías cósmicas
que danzan el espacio tiempo.

Buscamos un meteorito para encenderlo,
o bien enanas rojas a las que fecundar.
La Gran Nube de Magallanes
acoge hoy los temblores, los gritos,
nos anida en su galaxia espiral.

¡Que el paroxismo orgánico
propague vida a nuestro universo!

Esto es hacer el amor contigo:
detonar bombas de antimateria,
expulsar energías primarias,
formar cabelleras celestiales,
luminarias que nos arrastran
más allá de la gravedad terrible del sol.

Evitamos así
desintegrarnos a las rutinas,
al abismo
de las plácidas relaciones.

Nos entregamos al espacio
orbitando elípticas y libres,
en la mutua atracción gravitatoria
de estos cuerpos,
diseminando nuestras semillas.

Space Oddity por siempre jamás.

Panem et circenses

... e disse: Tomai, comei, isto é o meu corpo.

MATEUS, 26:26

Y te tomé y te partí
como una cruda hogaza.
Fuiste hostia,
sacrificio precioso.
Necesaria redención.
Logré engañar al hambre
mordisqueando la orilla
de esa dura corteza tuya.
Pero no reparé en ello:
te desmigabas,
enmohecida y seca,
al primer bocado.
Pan de deseo para hoy,
hambre de amor para mañana.

Padre

ara,
mentre escric açó,
et sent darrere, a les meues espatles,
et tinc o et necessite.

per això he interrumput un himne a venus
i t'he escrit açò
molt devotament,
pare.

VICENT ANDRÉS ESTELLÉS

No escribiré elegías
si decides marcharte.
No tendré el verso para poemas
en esos días.
Sólo llanto y desconsuelo.
Así que déjame arrullarte
aquí ahora
a tus mansos 89 años
mientras te miro dormido
en la silla del comedor
cansadito de tanta vida.

Mi rey pescador,
Superman, el gran capitán.

Bello varón de manos
como redes
que me izaban en el aire
enseñándome a no asirme
en exceso al suelo y confiar.
Me recuerdo minúscula,
siempre sobre tus hombros.
Eras un amoroso Cristóbal,
un gigante de dulzura ilimitada.

Aprendí de tu modo de querer a mamá:
incurable amante, solícito y cuidadoso.
Por eso, tu hijo te ha salido trovador.

También me mostrabas las maravillas
de adorar la naturaleza y su asombro:
los montes, tu mar y ahora un pájaro,
ese gato, el lagarto, dos perros,
la vaca, ovejitas o un pavo real.

Devoto sin iglesias de la Virgen del Carmen
habías procesionado de rodillas en el puerto,
en Viernes Santo me susurrabas:
-*mira ese que viene, se llama «velad y orad»*
y a mí el alma se me erizaba al reconocer
en los ojos del Cristo la dulzura de los tuyos.

A tu lado nada era malo, peligroso u oscuro.
Tanta luz emana esta esencia tuya.
Tu porte, tu fuerza, me han mostrado
la senda de la compasión y el respeto.
Y que los hombres pueden llorar cuando
están tristes o recuerdan a su pequeño hijo muerto.

Cuando supiste que tu palomo cojeaba
fuiste todo aliento y confiaste en mis alas.
Sin saber, sabes todo lo mujer marica que soy
y aún de vez en cuando alternas género:
me nombras en masculino, femenino,
o ambos dos.

Pintas ahora coloridos mandalas
trazas líneas con la bondad
de tus dedos torcidos por las edades
y mientras me enseñas tus dibujos,
geometría sagrada,
tan viejito y aún risueño,
a mí se me clava
una saeta gitana en el pecho
de pensarte,
padre mío,
subido por vez primera
sobre mis hombros.

Poeto

La Poesía no quiere adeptos, quiere amantes.

FEDERICO GARCÍA LORCA

La mujer que escribe poesía es una poeta el hombre que escribe poesía, como muchísimo, es un poeto.

GLORIA FUERTES

Intento respetable de aedo burgués,
pertrechado con viejuno chaleco de lana
y gafas bien espesas de la experiencia,
mudas en calcomanía de maestros tuyos:
esos papanatas gagá de la poesía
que aún presentan en literarios círculos.

Desde tu rancia habitación de solterona
urdes sin mesura magnos libros de poética,
poblando el pastel editorial de opiniones doctas,
de ridículos letrazos autopublicados,
clonando estrofas para algún premio local.
Manejas afectados vocabularios
midiendo rimas con escuadra y cartabón.

Tu reino sí es de este mundo.
Truhán, señor jocoso y respetable ponente,

sustentado en vino, festivalillos, palabros.
Jamás mancharte las manos de tierra o mierda*,
necio acallas armas cargadas de futuro**.

Denostas a vivos y muertos que osan escribirse,
achicas este literario espacio para sólo caber tú.
Entregas avaro pero complacido tu verso,
recitándote encima a bajita voz monocorde y
[seductriz:
tanto talento tuyo tampoco lo captará la turba,
y las titis te esperan luego en el bar.

Tu alimento es el pellejo arrancado de tus amigos,
los versos de algún aspirante más joven,
y, por supuesto, las carnes de *poetisas* incautas
o de cualquier gañán que no genuflexiona
ante tu copón bendito de santa sangre magistral.

Pero hoy un niño dijo: «¡Pero si va desnudo!».

_____

  * «Allí donde huele a mierda / huele a ser», Antonin Artaud.
 ** «Maldigo la poesía concebida como un lujo / cultural por los neutrales / que, lavándose las manos, se desentienden y evaden. / Maldigo la poesía de quien no toma partido hasta mancharse», Gabriel Celaya.

Y es que cada vez que abres el verso,
precioso poeto mío,
allá en el medioevo muere un trovador.

No debería Vd.

Saltarse la cadena de mando,
ni siquiera sacarle ventaja a su jefe,
ni atreverse a contradecir al cura,
a su padre no le replique,
ni se le ocurra cuestionar a un superior,
no sea que sepa lo que es la rabia,
y que de la rabia a la felicidad
solo hay una batalla.

¡Cuidado!

Las locas venimos en masa,
las locas sacamos las uñas
y, zas,
te arañamos la otra mejilla.

¡Cuidado!
Las locas, las desviadas
cuecas, maricas, travelas,
torcidas, feas y extrañas,
te pegamos con el bolso,
pisoteamos tus valores,
te escandalizamos entera.

¡Cuidado!
Las locas invadimos,
tenemos negocios,
somos tus doctoras,
maestras y monjas,
estamos por todas partes,
nos casamos y adoptamos,
estropeamos a tus niñas huérfanas.

Te vendemos el pan,
amasado con manos
de culo, de pecado,
de sida, de noche.
Te rozamos en el metro,
te pagamos el sueldo,
te limpiamos las camisas,
te miramos en los baños.

¡Cuidado!
Las locas somos todas y estamos cabreadas,
las locas te arañamos, te pegamos y escupimos,
te mostramos nuestros Queer-pos, te tocamos el falito,
te sobamos las ideas, rompemos tus esquemas.

¡Cuidado!
Que va a ser que ahora no tememos a tus perros,
a tus porras, a tus palabras, a tus condenas,
o a estar presas.
Porque ya hemos estado ahí mucho tiempo,
generaciones de exilios, condenas, cárceles, campos,
palizas, sangre, dolor, lágrimas, ¡travesti de mierda!,
maricón, bollera, contranatura, vergüenza ajena.

¡Cuidado!
Las locas contagiamos,
te pegamos cualquier cosa,

te volvemos rarita,
sin quererlo.

¡Cuidado!
Las locas contagiamos
la fuerza, el coraje,
las ganas de luchar
y el poder vivir, por fin,
sin miedo.

ROBERTA MARRERO

Cuerpo trans

El cuerpo trans es un fetiche
Una reliquia
El brazo de Santa Teresa
El pie de la Magdalena
El santo prepucio
La cabeza de San Juan bautista

Cuerpo místico
Neovaginas
Silicona
Penes sin operar
Pechos amputados como Santa Águeda
Testosterona inyectada para ser San Agustín
Progesterona en pastillas para el celibato

El cuerpo trans es una iglesia con cirios a la virgen y
[flores a Jesús
Siete puñales en el corazón
El maquillaje travesti en el paño de la Verónica
Las uñas de gel en un relicario de plata
El Binder en una bandeja de oro

Bendita sea Santa Marsha P. Johnson

Proletariado del Amor (pensando en S.)

Cada una tiene el amor que se puede permitir

Yo no soy una burguesa del amor: marido, champagne
[y aniversarios
Soy una proletaria del amor: amores platónicos, vino
[barato y porno

Quisiera tu flecha en mi corazón, quisiera hacer el
[amor
pero las proscritas solo tenemos la soga al cuello, nunca
[nos besan

La travesti dijo

La travesti dijo:

Mi bolso es un arma, mi cuerpo es un látigo, soy la hija de Afrodita, me maquillo los ojos con oro y con sangre mi boca.

No me puedes tocar, soy otro planeta, vivo en otra galaxia, mi Dios no es tu Dios

La travesti dijo:

Ojalá ser de fuego y destruir que es ser un hombre, que es ser una mujer

Ojalá ser una llamarada y destruirlo todo, dejar la ciudad arrasada con mi fuerza y mi poderío

Ser luego como un cirio encendido en una iglesia, sinónimo de devoción eterna

La travesti dijo:

Soy un fetiche ¿y qué?

Quiero que me ame el desclasado, el que tenga estigma, el desamparado, el cuerpo santo

Que la tenga grande, que sea peludo, que sea un peligro para él mismo, para mí

Quiero que me besen, que me follen, que me maten

La gente le hizo una reverencia

XXIV

De pequeña me encerraba en el baño
y me maquillaba de azul eléctrico los ojos
con las pinturas de mi madre.

Me hacía una melena con una toalla
y tacones falsos con latas vacías de coca cola.

Me pintaba los labios de rojo
con la sangre de los golpes de los abusones.

Hacía playback de canciones pop,
dibujaba súper heroínas,
me encontraba revistas porno en el garaje del edificio,
una vez una foto de una polla recortada
y tirada en una esquina
y soñaba con hombres desnudos y peludos.

Estaba enamorada de Jesucristo.

Dije no
a una reluciente papela de caballo
que me ofreció una amiga marica con 14 años.

Vi a dos hombres besarse a los 16
y me ruboricé.

Tomé hormonas con 18
sin ninguna prescripción médica.

De noche me follé a la mitad del pueblo
que me hacía la vida imposible de día.
Siempre fui inocente.
No puliré este poema.

XXVIII

Todas las cartas de amor, todos los gestos bonitos,
todas las flores cortadas, todos los jarrones, todos
los salones estilo imperio, todas los sodomitas,
todos los dandis, todas las cortesanas, todos las
cucharitas, todos los nudes, todo el cruising, todos
los funerales, todas las misas, todas las canciones,
todas las promesas, todas las oraciones, todos los
suicidios, todos los libros, todas las palabras, todos
los susurros, todos los poemas, todas las vidas, toda
la inocencia, todas las infancias, todo el peso del
mundo, todas las estrellas, todos los planetas, toda
la sangre, todas las lágrimas, todos los bailes, todas
las pollas, todo el semen, todas las bocas, todo el
martirio, todo el éxtasis, todo el deseo, todos los
animales disecados, todos los cuerpos que son
castillos, todas las heridas narcisistas, todo el
canibalismo melancólico, toda la voluptuosidad,
todo el crimen, toda la estética, todo el
recargamiento mortuorio, todas las naturalezas
muertas, todas las lenguas embalsamadas, todas las
células enfermas, todos los naufragios en las propias

aguas, todas las miradas desde las alcantarillas, todos los manuscritos perdidos en una botella, todas las perversiones reparadoras.

roberta   roberta
  debajo estoy yo
        roberta.

Navaja

Píntame los labios con una navaja y bésame, las travestis
    también amamos

Uso la palabra travesti porque es más pictórica, más
    poética, más salvaje, menos médica, menos
    complaciente
Suena a lumpen, a peligro, a furtiva, a una estrella del
    Music Hall

¿Quién quiere ser solo una cosa cuando puedes ser
    miles?

XXXV

Yo no quería hacer activismo,
ni estar orgullosa de simplemente ser yo,
ni hacer de cada acto un acto político.

Yo no quería luchar,
ni ser valiente,
ni un ejemplo,
ni una lección.

Yo solo quería
amar y ser amada,
masticar chicle de rabioso color magenta,
tener un novio a los quince,
un primer beso que pudiera recordar amablemente,
quería bailar,
quería divertirme,
tener las pupilas dilatadas por las drogas
y no por la oscuridad que me rodea,
unos padres amorosos,
una infancia feliz,
una familia,

una sexualidad sana,
una cama en forma de corazón,
flores frescas por San Valentín.
Tener el derecho a desear
todo esto sin sonar patética.

Yo
no quería escribir
este poema.

XXXIX

Dicen que el trauma una vez creado no se puede
   eliminar,
solo repetir.
Ritualizar el trauma.
Recrear el trauma.

La flor que se corta a sí misma y se mete en la
   claustrofobia del jarrón.
El animal que camina de vuelta al matadero con los
   ojos entrecerrados de lujuria.
La carne que anhela el escalpelo cortante,
la navaja,
el puñal,
la espada que la abre en dos.

Cada vez que me como una polla estoy volviendo
   al agresor.

Cuando pienso en la violencia del pasado veo solo
   voluptuosidad.
El pasado es una metáfora del presente,

el ahora es una alegoría de lo que fue,
fantasear con ello,
resignificarlo es mi venganza.
Voluptuosidad en estar deprimida.
Voluptuosidad en ser un mártir mariquita
en el colegio.
Voluptuosidad en la sensación erótica
de cinco hombres llamándome maricón.
Voluptuosidad de sobredosis
de cada pastilla color blanco esqueleto
que me tomé aquella tarde en Copenhague.
Voluptuosidad en la culpa
que intentan inculcar a los suicidas
en las salas de urgencias.
Voluptuosidad en el lavado de estómago.
Voluptuosidad en ser abandonada.
Voluptuosidad de mi herida,
de mis cicatrices,
de mi sangre.
De subir a coches de desconocidos
corriendo el riesgo de ser asesinada.
Voluptuosidad de la pulsión de muerte.

Soy una santa.
He buscado el sufrimiento de Cristo
vistiendo como una ramera,
prendiendo fuego a mi cuerpo

para que todos me vieran luminosa en la oscuridad.

He amado al verdugo.

Me he follado al verdugo.

He bebido el semen del verdugo.

Morir por tu propia mano.

La autodestrucción es una forma de control.

Ma
So
Quis
Ta.

Sá
Di
Ca.

Todo el mundo es al menos dos personas.

ANTÓN LOPO

Traducción al castellano de Ismael Ramos

[Poeta namorado. Dúas da mañá]

Foi rápido. No coche. Cinco minutos.
Unha descarga.
Eu aínda o amaba pero sabía xa que era inútil.
Il amábame pero non atopaba tempo material.
O destino aliárase na nosa contra ou, talvez,
                                    [alertábanos
e a cada encontro seguían pequenos incidentes:
obxectos que se rompían, golpes estúpidos,
                                    [rozaduras no coche,
prantos, pinchazos, risas de alerxia...
Pero alí nos tiñas, aos dous, no coche,
desafiando as alerxias, os golpes, as rupturas e as
                                    [bágoas.
Desafiando o destino e a garda civil,
que sempre paraba para informarnos de que
                                    [estabamos
nunha área prohibida.

[Poeta enamorado. Dos de la madrugada]

Fue rápido. En el coche. Cinco minutos.
Una descarga.
Yo todavía lo amaba pero sabía que ya era inútil.
Él me amaba pero no encontraba tiempo material.
El destino se había aliado en nuestra contra o, tal
                                    [vez, nos alertaba
y a cada encuentro lo seguían pequeños incidentes:
objetos que se rompían, golpes estúpidos, rozaduras
                                    [en el coche,
llantos, pinchazos, risas de alergia...
Pero allí estábamos, los dos, en el coche,
desafiando a las alergias, los golpes, las rupturas y
                                    [las lágrimas.
Desafiando el destino y a la guardia civil,
que siempre se paraba para informarnos de que
                                    [estábamos
en un área prohibida.

[Trans en excursión nocturna.
Dúas e media da mañá]

Gústoche nesta foto?
Sacouma un estudante de psicoloxía case a cegas, de
                                                    [noite.
Eu acababa de operarme.
Viñamos de facelo por tras do aeroporto,
na beirarrúa da estrada.
Nunca me vin tan feminina.
Pero non son eu senón os seus ollos, fascinados por
                                                    [min.
E o meu desexo...

Il era tan novo...
Eu estaba tan contenta...

[Trans en excursión nocturna.
Dos y media de la madrugada]

¿Te gusto en esta foto?
Me la sacó un estudiante de psicología casi a ciegas,
[de noche.
Yo acababa de operarme.
Veníamos de hacerlo detrás del aeropuerto,
al borde de la carretera.
Nunca me había visto tan femenina.
Pero no soy yo sino sus ojos, fascinados conmigo.
Y mi deseo...

Él era tan joven...
Yo estaba tan contenta...

[Poeta namorado.
Tres menos cuarto da mañá]

A il só lle gustaban os estraños.

Dicía que os estraños manteñen
a xenialidade intacta.

[Poeta enamorado.
Tres menos cuarto de la madrugada]

A él solo le gustaban los extraños.

Decía que los extraños mantienen
la genialidad intacta.

[Trans ás catro e media da mañá]

A miña primeira vez foi aos tres anos.
Operáronme dunha hernia umbilical
e a miña nai, dúas semanas despois, detectou en min
un cheiro estraño. Frotoume as mans con xabón
porque creu que ás mans se me apegara o cheiro do
                                              [peixe
que comera ao mediodía. Pero non foi suficiente
e lavoume naquela tina redonda de zinc
que facía de bañeira. O cheiro foi a máis.
Levoume ao médico e o médico corroborouno,
«señora, o seu fillo fede». Tras explorarme
                          [detidamente,
deslizou unhas delgadas pinzas por un dos orificios
                                              [do nariz
e empezou a extraer, precedida dun bafo
                          [insoportable
que case fixo chorar a mamá, unha longa tira de gasa,
demasiado longa para chegar alí por mans
                              [inocentes.
O médico concluíu que eu lle ripara a gasa á vendaxe
                                        [umbilical

[Trans a la cuatro y media de la madrugada]

Mi primera vez fue a los tres años.
Me operaron de una hernia umbilical
y mi madre, dos semanas después, detectó en mí
un olor extraño. Me frotó las manos con jabón
porque creyó que a las manos se me había pegado
                              [el olor del pescado
que había comido al mediodía. Pero no fue suficiente
y me lavó en aquella tina redonda de zinc
que hacía de bañera. El olor fue a más.
Me llevó al médico y el médico lo corroboró,
«señora, su hijo apesta». Tras explorarme
                              [detenidamente,
deslizó unas delgadas pinzas por uno de los orificios
                              [de la nariz
y empezó a extraer, precedida de una vaharada
                              [insoportable
que casi hizo llorar a mamá, una larga tira de gasa,
demasiado larga para haber llegado allí por manos
                              [inocentes.
El médico concluyó que yo le había arrancado la
                              [gasa al vendaje umbilical

e a fora introducindo lentamente,
obsesivamente,
ata case chegar ao cerebro. Ese impulso
acompañoume sempre:
reencherme
e quedar dentro.

y me la había ido introduciendo lentamente,
obsesivamente,
hasta casi llegar al cerebro. Ese impulso
me ha acompañado siempre:
volver a llenarme
y quedarme dentro.

A terceira nai

Durante a infancia crin que tiña tres nais e sentinme
   o neno máis afortunado do mundo. A miña
   segunda nai vivía

na casa do lado [portal con portal]. Era viúva,
   perdera dous fillos e padecía orfandade de
   sucesión. Ela adoptoume como terapia e eu
   aprendín a amala
como ás verdadeiras nais [peiteábaa, gustábame o seu
   colo, dáballe carexas].

Nun baúl [no seu cuarto], agachaba os recordos dos
   fillos que me precederan [unha nena e un neno].
   Gardaba
zapatos coa derradeira lama que os zapatos pisaran,
a derradeira roupa do día derradeiro, fotos e algunha
   alfaia [pequenas medallas de ouro e aneis con
   zafiros de imitación]. Cando colleu
confianzas comigo, abriume o baúl [precioso por
   dentro, con forro de papel floral en escala de
   azuis] e estendeu

La tercera madre

Durante la infancia creí que tenía tres madres y me
    sentí el niño más afortunado del mundo. Mi
    segunda madre vivía

en la casa de al lado [portal con portal]. Era viuda,
    había perdido dos hijos y padecía orfandad de
    sucesión. Ella me adoptó como terapia y yo
    aprendí a amarla
como a las verdaderas madres [la peinaba, me gustaba
    su regazo, le hacía caricias].

Dentro de un baúl [en su dormitorio], escondía los
    recuerdos de los hijos que me habían precedido
    [una niña y un niño]. Guardaba
zapatos con el último barro que los zapatos habían
    pisado,
la última ropa del día último, fotos y alguna joya
    [pequeñas medallas de oro y anillos con zafiros
    de imitación]. Cuando cogió
confianza conmigo, me abrió el baúl [precioso por
    dentro, con forro de papel floral en escala de
    azules] y extendió

sobre a cama as fotos onde a roupa e as alfaias
   aparecían
nos seus propietarios. Instoume a poñer a roupa e
   obedecín, pero só o vestido da rapaza parecía
do meu talle [iluminábame o rostro]. A segunda nai
   apertoume forte [moi forte] e rozoume
cos labios maternais as meixelas [suaves]. Es a miña
   nena [dixo].

A miña.

sobre la cama las fotos donde la ropa y las joyas
    aparecían
en sus propietarios. Me instó a ponerme la ropa y
    obedecí, pero solo el vestido de la niña parecía
de mi talla [me iluminaba el rostro]. La segunda
    madre me abrazó fuerte [muy fuerte] y me rozó
con labios maternales las mejillas [suaves]. Eres mi
    niña [dijo].

La mía.

O río

1

Para o contexto fundacional de Seattle Upon Sea, releo
os meus diarios [queimaríaos se non necesitase
    periodicamente información fiable de min].

Os volumes dos anos setenta están centrados [de
    maneira obsesiva]
no meu primeiro amante [a urxencia de ser amado e
    de amar].
O rapaz que escribe os diarios comparte comigo
    recordos, pero el sabe máis de min do que eu
    lembraba
e eu sei máis do que el pode lembrar da súa vida.

De maneira xeral, refírome ao meu primeiro amante
    como Xisxís [XX]. Evitaba
escribir o seu nome completo porque temía ser
    inxusto e aínda hoxe o distingo
ao lonxe polo andar [ese achegarse de animal
    encuberto].

El río

1

Para el contexto fundacional de Seattle Upon Sea, releo
mis diarios [los quemaría si no necesitase
    periódicamente información fiable sobre mí].

Los volúmenes de los años setenta están centrados
    [de manera obsesiva]
en mi primer amante [la urgencia de ser amado y de
    amar].
El chico que escribe los diarios comparte conmigo
    recuerdos, pero él sabe más de mí de lo que yo
    recordaba
y yo sé más de lo que él puede recordar de su vida.

De manera general, me refiero a mi primer amante
    como Xisxís [XX]. Evitaba
escribir su nombre completo porque temía ser
    injusto y todavía hoy lo distingo
a lo lejos por el modo de andar [ese acercarse de
    animal encubierto].

2

O profesor mándanos escribir unha páxina de copia
    e Xisxís acaba
antes do que o profesor prevé [interrómpelle a
    lectura do xornal deportivo]. Levántase
do pupitre para ensinarlle o caderno e o profesor
    sáelle ao encontro cunha vara de vimbio [venta
    algo]. Cóllelle
o caderno e abanea a cabeza [desgústalle o que ve].
    «Abre a man [ordénalle]» e Xisxís ofrécella.
Os dous están á altura do meu pupitre e véxolles as
    caras [Xisxís coas lentes adheridas ao entrecello,
    braquets e pelusa infantil no bigote].

«Advertinche que a copia nunca se fai do libro de
    matemáticas», dille o profesor e nese instante
    descárgalle
[inclemente] o vimbio na man. Conta «unha».
    Despois
«dúas». Está rubio de carraxe [«tres»] e non para ata
    cinco [impídelle alternar de man].

Xisxís non move un músculo. Bríllanlle os ollos por
    tras das lentes, pero en ningún momento chora.

[Temos oito anos e acabo de namorame].

2

El profesor nos manda escribir una página de copia
    y Xisxís acaba
antes de lo que el profesor prevé [le interrumpe su
    lectura de la revista deportiva]. Se levanta
del pupitre para enseñarle el cuaderno y el profesor
    le sale al encuentro con una vara de mimbre
    [sospecha algo]. Coge
el cuaderno y menea la cabeza [le disgusta lo que
    ve]. «Abre la mano [ordena]» y Xisxís se la ofrece.
Los dos están a la altura de mi pupitre y les veo las
    caras [Xisxís con las gafas adheridas al entrecejo,
    brackets y pelusa infantil en el bigote].

«Te advertí que la copia nunca se hace del libro de
    matemáticas», dice el profesor y en ese instante
    le descarga
[inclemente] el mimbre en la mano. Cuenta «una».
    Después
«dos». Está rojo de rabia [«tres»] y no para hasta
    cinco [le impide alternar de mano].

Xisxís no mueve un músculo. Le brillan los ojos por
    detrás de las gafas, pero en ningún momento llora.

[Tenemos ocho años y me acabo de enamorar].

3

Durante o tempo que compartimos,
fun testemuño da resistencia de Xisxís á dor [unha
    invariable actitude provocadora].

No instituto, desafiabamos os profesores falanxistas
    con estratexias que delataban
o seu fanatismo. A el gustáballe crear confusión na
    autoridade docente e [como consecuencia]
    expulsábano.
Os seus pais invocaban un tipo de compresión que
    no instituto non compartían.

En plástica, moldeaba esculturas femininas de
    peitos xenerosos. O profesor atenuáballos cun
    movemento rápido dos dedos e el, en canto o
    profesor se xiraba, repoñíallos. [«Se non puidese
    amarte a ti», díciame,

«amaría as mulleres que te amasen»].

3

Durante el tiempo que compartimos,
fui testigo de la resistencia de Xisxís al dolor [una
    invariable actitud provocadora].

En el instituto, desafiábamos a los profesores
    falangistas con estrategias que delataban
su fanatismo. A él le gustaba crear confusión en la
    autoridad docente y [como consecuencia] lo
    expulsaban.
Sus padres invocaban un tipo de comprensión que
    en el instituto no compartían.

En plástica, moldeaba esculturas femeninas de
    pechos generosos. El profesor se los atenuaba
con un movimiento rápido de los dedos y él, en
    cuanto el profesor se giraba, se los reponía. [«Si
    no pudiese amarte a ti», me decía,

«amaría a las mujeres que te amasen»].

4

Sempre nos mergullamos no mesmo río. Cambia
só a profundidade e a auga [a superficie].

4

Siempre nos sumergimos en el mismo río. Cambian
solo la profundidad y el agua [la superficie].

Movementos mínimos

1

Facémonos transparentes [imos medrando] e resulta
cada vez máis evidente o medo [o transo], como un
  regreso
inevitable á inmortalidade.

2

Cando me dou conta do que ocorre, teño a
  necesidade de estar
coa miña ex esposa e cos meus ex amantes [os que
  aínda viven]. Non se trata
dunha necesidade confesional [ou dialéctica]. Necesito
durmir ao seu lado, tocarnos, penetración, talvez
  máis [un abrazo].

Collo o coche e chántome na casa dela [non a
  chamo antes

Movimientos mínimos

1

Nos hacemos transparentes [vamos creciendo] y resulta
cada vez más evidente el miedo [el tránsito], como
    un regreso
inevitable a la inmortalidad.

2

Cuando me doy cuenta de lo que ocurre, tengo la
    necesidad de estar
con mi exmujer y con mis examantes [los que
    todavía viven]. No se trata
de una necesidad confesional [o dialéctica]. Necesito
dormir a su lado, tocarnos, penetración, tal vez más
    [un abrazo].

Cojo el coche y me planto en su casa [no llamo
    antes

nin lle envío un whatsapp]. Condúceme [talvez] o
   instinto de vinte e tres anos de convivencia e
   desexo. Ábreme

o seu fillo [o do segundo matrimonio]. Nunca me
   soportou e bufa,

«mamá está no seu cuarto. Non sae desde hai días».
   Subo alancando

os banzos [é un dúplex acaroado nunha
   urbanización das aforas] e atópoa

recostada entre múltiples coxíns de blondas
   brancos, cun edredón branco e un groso *best*
   seller nas mans. Pousa

o libro ao verme e quita as lentes. Pon unha
   FP2, «tes pasaporte covid?». Fago xesto de
   coller

o móbil e indícame que desista, «abasta que o
   teñas». Sento

ao bordo da cama [«que che pasa?»] e recúa ao
   extremo oposto, «estou

fatal. Os tratamentos non funcionan. O psiquiatra
   cre que debo subir

a dose de Sertralina ata os 200 mgs pero des que
   tomo Sertralina danme fibrilacións.

Non imaxinas o desagradable que é. Hai dúas
   semanas tiveron que revertermas».

«Como non me chamaches?». «Se te chamo cada
   vez que estou mal volvería

ni le envío un whatsapp]. Me conduce [tal vez] el
   instinto de veintitrés años de convivencia y
   deseo. Me abre

su hijo [el del segundo matrimonio]. Nunca me ha
   soportado y bufa,

«mamá está en su habitación. No sale desde hace
   días». Subo saltándome

escalones [es un dúplex adosado en una
   urbanización de las afueras] y me la encuentro

recostada entre múltiples cojines de blondas
   blancos, con un edredón blanco y un grueso *best
   seller* en las manos. Deja

el libro al verme y se quita las gafas. Se pone una
   FP2, «¿tienes pasaporte covid?». Hago amago de
   coger

el móvil y me indica que desista, «basta con que lo
   tengas». Me siento

al borde de la cama [«¿qué te pasa?»] y retrocede al
   extremo opuesto, «estoy

fatal. Los tratamientos no funcionan. El psiquiatra
   cree que debo subir

la dosis de Sertralina hasta los 200 mg, pero desde
   que tomo Sertralina me dan fibrilaciones.

No te imaginas lo desagradable que es. Hace dos
   semanas tuvieron que revertírmelas».

«¿Cómo no me has llamado?». «Si te llamase cada
   vez que estoy mal, volvería

ser a túa esposa e iso acabou». «Hai confianza». «Se
   me faltases, sería
como estar morta. Pero non me apetece que comas
os meus miasmas. Hai partes de min que xa non che
   pertencen».

3

Quedo para xantar cun home ao que amei ata a
   insania e no coche [camiño do restaurante] sinto
no pé molestias. Semella a dor dunha espiña pero é
   imposible que unha espiña traspasase
a cámara das deportivas e tampouco [que eu
   lembre] andei descalzo. Detéñome
nunha área da autoestrada e intento mirarme a
   planta do pé. Non o logro [perdín flexibilidade]
   e continúo
a ruta [levo quince minutos de retraso e o home
   co que quedei vólvese irascible se o fan
   esperar].
Cando chego, xa bebeu tres cervexas e protesta
   [«sempre vés tarde»] nun ronsel de agravios que
   [di]
lle causei [«nunca confiaches en min»]. Como non
   cala, quito a deportiva, ripo o calcetín, e
   póñolle

a ser tu esposa y eso se acabó». «Hay confianza». «Si
me faltases, sería
como estar muerta. Pero no me apetece que te comas
mis miasmas. Hay partes de mí que ya no te
pertenecen».

3

Quedo para comer con un hombre al que amé hasta lo
insano y en el coche [camino del restaurante] noto
molestias en el pie. Parece el dolor de una espina,
pero es imposible que una espina haya traspasado
la cámara de las deportivas y tampoco [que yo
recuerde] he andado descalzo. Me detengo
en un área de la autopista e intento mirarme la
planta del pie. No lo logro [he perdido
flexibilidad] y continúo
la ruta [llevo quince minutos de retraso y el hombre
con el que he quedado se vuelve irascible si lo
hacen esperar].
Cuando llego, ya se ha bebido tres cervezas y
protesta [«siempre llegas tarde»] en una estela de
agravios que [dice]
le he causado [«nunca has confiado en mí»]. Como
no se calla, me quito la deportiva, tiro del
calcetín y pongo

o pé nas pernas, «creo que teño algo aí». Acaréxame
     a deda con mirada de intencionalidade,
     «querido, cravóuseche
unha espiña». O camareiro tráelle unha agulla. El
     úsaa con tanta delicadeza que só noto
que me extirpou a espiña cando ma amosa
     [exultante de satisfacción] na punta da agulla.
     Seguramente é
o maior pracer que podemos sentir xuntos.

4

Chamo polo móbil ao home co que vivín cinco
     anos e quedamos
no bosque de Outeiro Batente [traballa nun
     chiringo próximo e ten libre
de seis a oito]. Ao encontrarnos mírame como se
     me perdoase
a vida. Fuma con carraxe [seguramente tivo unha
     mañá pésima]. Calcula
que fun alí para ter sexo rápido e ponse en
     disposición. Eu disuádoo, «quero
estar contigo como se nos vísemos por primeira
     vez». El afástase
[«es patético»] e as súas palabras crean a sensación
     [insípida] de que nunca existiu

el pie sobre sus piernas, «creo que tengo algo ahí».
   Me acaricia el dedo con mirada de
   intencionalidad, «querido, se te ha clavado
una espina». El camarero le trae una aguja. Él la
   utiliza con tanta delicadeza que solo noto
que ha extirpado la espina cuando me la enseña
   [exultante de satisfacción] en la punta de la
   aguja. Seguramente es
el mayor placer que podemos sentir juntos.

4

Llamo por teléfono al hombre con el que viví cinco
   años y quedamos
en el bosque de Outeiro Batente [trabaja en un
   chiringo próximo y libra
de seis a ocho]. Al encontrarnos me mira como si
   me perdonase
la vida. Fuma con rabia [seguramente ha tenido una
   mañana pésima]. Calcula
que he ido allí para tener sexo rápido y se pone en
   disposición. Yo lo disuado, «quiero
estar contigo como si nos viésemos por primera
   vez». Él se aparta
[«eres patético»] y sus palabras crean la sensación
   [insípida] de que nunca ha existido

Unha paixón real entre nós. Quedo en silencio e
   prosegue os ataques, «o romanticismo é
perverso. Como podedes ser tan egoístas que
   queredes
as persoas unicamente para vós?». «Refíreste a
   min?». Ofúscase
[«sempre me deches esa impresión»] e túmbase
   sobre a herba coas mans baixo a noca. Póñome
ao seu carón. Mírame e recobra o brillo xuvenil
   [garulo], «descúlpame».

Esta fin de semana foi a un concerto de Dean
   Wareham e Wareham tocou
os temas do seu antigo grupo, os Galaxie 500
   [«chorei ata catro veces seguidas no concerto»].
   Do resto da noite lembra
só «un continuum de alcol, farlopa chunga e sexo
   urxente con descoñecidos». Pásolle
a man pola cabeza [leva o pelo moi curto],
   «alégrome que deas con descoñecidos afíns». El
   retírame
a man, «son un cabrón. Non intentes amarme de
   novo».

[Vai tanta calor que as piñas estouran sobre as nosas
   cabezas como cranios nas piras.]

una pasión real entre nosotros. Me quedo en
    silencio y prosigue con los ataques, «el
    romanticismo es
perverso. ¿Cómo podéis ser tan egoístas que queréis
a las personas únicamente para vosotros?». «¿Te
    refieres a mí?». Se ofusca
[«siempre me has dado esa impresión»] y se tumba
    sobre la hierba con las manos bajo la nuca. Me
    pongo
a su lado. Me mira y recobra un brillo juvenil
    [irreflexivo], «discúlpame».

Este fin de semana fue a un concierto de Dean
    Wareham y Wareham tocó
los temas de su antiguo grupo, los Galaxie 500
    [«lloré hasta cuatro veces seguidas en el
    concierto»]. Del resto de la noche recuerda
solo «un continuum de alcohol, farlopa chunga y
    sexo urgente con desconocidos». Le paso
la mano por la cabeza [lleva el pelo muy corto],
    «me alegro de que encuentres desconocidos
    afines». Él me retira
la mano, «soy un cabrón. No intentes amarme de
    nuevo».

[Hace tanto calor que las piñas estallan sobre
    nuestras cabezas como cráneos en las piras].

5

Ábreme a porta da súa casa cun xesto tan desagrable
que non me atrevo
a traspasar o soarego [quedo de pé coa botella de
viño que lle trouxen pendulando na man].
Finalmente, invitáme a entrar.

A casa [mercouna ao xubilarse] é pequena con
fiestras azuis de madeira. A enxurrada do
atardecido penetra
ao medio da sala, como se alí mesmo acabase o
horizonte. Sentamos
nunha mesa redonda [con espazo xusto para dúas
persoas] e destapa
o viño. Sóltase, «a última vez que nos vimos
dixeches que te desilusionara.
Iso non se lle di nin a un can, menos a quen te
amou». «Se o prefires [fago
aceno de levantarme], marcho». Ténsase, «non paga
a pena. Vou preparar
bonito con salsa de tomate. Chega para os dous».
Mentres cociña, infusiona

unhas herbas [«estimulantes»] que lle preparou un
terapeuta reiki [acode
a el en momentos de abstenia emocional]. Manobra

5

Me abre la puerta de su casa con un gesto tan
    desagradable que no me atrevo
a traspasar el umbral [me quedo de pie con la
    botella de vino que le he traído balanceándose
    en la mano]. Finalmente, me invita a entrar.

La casa [la compró al jubilarse] es pequeña con
    ventanas azules de madera. El alud del atardecer
    penetra
hasta el medio de la sala, como si allí mismo se
    acabase el horizonte. Nos sentamos
en una mesa redonda [con espacio justo para dos
    personas] y descorcha
el vino. Se suelta, «la última vez que nos vimos
    dijiste que te había desilusionado.
Eso no se le dice ni a un perro, menos a quien te ha
    amado». «Si lo prefieres [hago
amago de levantarme], me voy». Se tensa, «no
    merece la pena. Voy a preparar
bonito con salsa de tomate. Llega para los dos».
    Mientras cocina, infusiona

unas hierbas [«estimulantes»] que le ha preparado
    un terapeuta reiki [acude
a él en momentos de astenia emocional]. Maniobra

con tal pericia na realidade que os seus ollos [por
     momentos] se volven
azuis ao contarmo.

Tras a cea [un bonito extraordinario] paseamos polo
     sendeiro que bordea
as penedías. Cólleme da man [faino cun xesto
     despistado] e sinto a tranquilidade de quen
     recupera
unha clave de acceso esquecida. Logo, deitámonos
     xuntos [imposible deixarnos de amar na
     incapacidade compartida para amarnos].
Presiona suavemente co seu peito as miñas costas
     [lémbrame
un corpo que respira boca abaixo na area] e apoia o
     pescozo na miña caluga, «deberías
reducir esa tendencia túa a deixarte absorber pola
     xente e entregarte totalmente a ela».

6

O poema aparece cando desapareces
nos seus pasos [consumar o que máis amas].

con tal pericia en la realidad que sus ojos [por
    momentos] se vuelven
azules al contármelo.

Tras la cena [un bonito extraordinario] paseamos
    por el sendero que bordea
los acantilados. Me coge de la mano [lo hace con
    un gesto distraído] y siento la tranquilidad de
    quien recupera
una clave de acceso olvidada. Después, nos
    acostamos juntos [imposible dejarnos de amar
    en la incapacidad compartida para amarnos].
Presiona suavemente con su pecho mi espalda [me
    recuerda
a un cuerpo que respira boca abajo en la arena] y
    apoya su cuello en mi nuca, «deberías
reducir esa tendencia tuya a dejarte absorber por la
    gente y entregarte totalmente a ella».

6

El poema aparece cuando desapareces
en sus pasos [consumar lo que más amas].

Parte III

BENDITA IMAGINACIÓN

SARA TORRES

Yo ABRO TU PECHO CON MIS DIEZ DEDOS
Yo retiro la presión de las costillas
Hasta que tus pulmones se hinchan con gozo
Aumentan en tres su volumen

El aire que incorporas te hace levitar
Sobre las sábanas
Con la obstinación del corcho
Abandonas el fondo
Te impulsas hacia la superficie

Yo insuflo más aire desde tu ombligo
No cesa tu sed
Algunas burbujas de oxígeno se forman
Desatan tu risa

Tú ríes voces
Yo rastreo la genealogía de tus cantos
Yo te pregunto
Tú contestas:
Sobre las voces nada sé que pueda explicarse

Tómalo así por cierto

Tú me recoges y me llamas junto a ti
Diriges mi barbilla e introduces tu lengua
En mi boca de labios entreabiertos
Tú hablas dentro
Tú gimoteas y cantas dentro
Tú contestas:
Sobre las voces nada sé que pueda explicarse

Tómalo así por cierto

ELLOS ME DIJERON:

puedes contar tu historia aquí
pero no les hables a las niñas
puedes amar a nuestras mujeres
sólo durante el verano
y no has de insistir amando a la misma
    demasiado tiempo
te irás con la caída de agosto
el invierno es para las familias

Me dijeron:

el hombre y la mujer se buscan y se juntan
por naturaleza
gozan el uno del otro
toda mujer se realiza en la crianza
lo que tiene de madre
la hace sagrada y distinta a nosotros

Dijeron:

nuestras compañeras son fuertes y libres
nos eligen libremente como padres de su prole

puedes dormir junto a ella una noche   pero no la
confundas   no escribas fantasías no la seduzcas
inventándole otros mundos

Dijeron:
ella pertenece a aquí

Luego encendieron las montañas con fuego iluminaron
la noche para ir a buscarme prepararon una pira con
músicas llamaron a sus músicas «cantos de liberación».
Entonaron: somos de entre los hombres los justos
cuidamos de nuestros animales amamos a nuestras
mujeres

Mientras sola en el costado del río donde antes
nadamos juntas mis brazos se entregaban al aire
magenta   flexibles como cañas de bambú muy fino
Pasé la noche en el río y ellos no me encontraron
Mientras yo sonreía   bulto caliente en el amanecer
tranquilo ellos dijeron: la bruja

Había entrado Septiembre y yo todavía estaba allí
iba mirando los charcos de lluvia iba germinando
palabras

Ellos dijeron: no vuelvas   has hablado a las niñas
les has contado tus visiones y has buscado con ella la
   cuarta noche
no debiste más de tres   te advertimos

Mafdet   busto de pantera   olor lavanda azucarado
            la frondosidad me guarda
               me vela la lechuza
      Mafdet   la bruja conoce y encuentra
                  regresa siempre

y llegará pisando finas caracolas que cederán bajo su
peso y al crujido

—porque no pudo ser ella todo silencio
aunque escondiera su respiración; apenas
un alambre curvado de perfil imposible—

llegará pisando finas caracolas, armaduras de cangrejo
y la encontrará dormida
sobre montones de lavanda

—miente la historia, sabe que no dormía, la miraba
con ojos oscuros
y abiertos. de nuez olorosa, segada—

avanzará aplastando sobre su vientre un tomate ma-
duro, reventada piel dispersa, el jugo verano bajando
en riachuelos. inquirirá la palabra precisa para nom-
brar el color. porque sólo ella tiene los nombres que
a la otra le faltan. y quién es quién cuando empuja la
grupa contra la flor y la tierra seca

si les preguntas «¿cuánto queda?» no sabrán decir y
aun así estarán gastando todo lo que se produce. en
su premio de exceso viven por encima del tiempo,
sus recursos

por ejemplo: no sabe si es la última vez que conocerá
el cuerpo en su estado vehemente y por eso se arro-
dilla frente a ella y cantando

la bendice

de la que aún es joven
llegará el gesto inocente
de entrega en los ojos

porque desciende del mito
y aún encarna
en substancia dura
vendrá ligera   aparecida entre siluetas
marcando surco sobre sí misma

llegará sobre sí misma
¿sobre qué otra cosa podría?

bajo el magnolio
—espacio protegido
por un árbol singular—
firme   asida a un destino
que guarda en la palma
insecto de abdomen
clavado en su centro

más antes (...) ya en sueños
la viste
(...) subió   elevó a contemplarlo

tal vez se parece a lo sagrado
que intentaron capturar
pero más más real   en exceso
una gota ámbar de savia dispersa
la ceremonia del comienzo
y la del fin

jóvenes   las intocables
mañanas calurosas
un pozo de agua
uno
pero más   más azules
y el arrojo   en abundancia
arrojada   pero quieta

encima de sí misma
sin desconcierto

sonríe a la avispa
clavada en su línea
le acaricia la frente
febril y tranquila
tal vez te está mirando a ti
también

porque no te adelantaste
ni has llegado tarde
no te persuadió
el campo de pomelos   sobre la hacienda seca
la mandarina ácida

tal vez te está mirando a ti

y sin contradicción
muestra su palma:

un insecto entregado recoge el sudor
y lo moldea

subiría al coche de caballos   envuelta en encaje blanco
los brazos morenos mojados de almizcle
el pétalo la palma   y por las alegrías
un vino tan ligero   que como un agua limpia
le cayese en la boca

::
con la fuerza de ¿dos brazos?
sujeta ¿un hacha?
diente amarillo satén

consiste en dejarla caer
sobre el tronco
varias veces

se trata de

que el contacto con filo
provoque surco

se trata de

que la incisión del cuerpo
que avanza
sea más obcecada que el
deseo de la madera
por permanecer unida

así decimos
vencer es vencer
por obcecación
trayectoria y golpe
en la línea que adivina una fisura

así decimos
hacer del árbol pieza
de una pieza dos
de una pieza tres
luego astillas
serrín
ceniza

::
alguien acerca un pan al fuego
después toma asiento
deja caer los brazos
a cada lado

una idea le obsesiona;
¿era un espino blanco
o un manzano?

¿qué diferencia había entre esto y otra cosa?

::
en la tristeza puede medrar
la vida   un fruto de invierno
en el miedo no

POL GUASCH

Traducción al castellano de Gonzalo Hermo

res en mon vers no pot fallir

—Jo tinc. —El què? —La fam.   —El què?
—El mot silent bramant.   —Per què?
—Temor tan forta és llamp.   —Què en treus?
—No ho sé.   —Jo et dic: l'amor és runa,
  un riu   fulgent   per dins   la carn.
—Fa mal?   —Alimenta la fúria
  dels cavalls,   un brou lent,   amant.
—L'últim estrat?   —L'últim de tants,
  és cert.   —I què en queda,   al final?
—La por   sinistra   que et tenalla,
  bufor   d'estómac   animal.

Nada en mi verso puede fallar

—Yo tengo.   —¿El qué?   —El hambre.   —¿El qué?
—La palabra silente bramando.   —¿Por qué?
—Temor tan fuerte es rayo.   —¿Qué obtienes?
—No lo sé.   —Yo te digo: el amor es ruina,
  un río   fulgente   por dentro   en la carne.
—¿Hace daño?   —Alimenta la furia
  de los caballos,   un caldo lento,   amando.
—¿El último estrato?   —El último de tantos,
  es cierto.   —¿Y qué queda, al final?
—El miedo   siniestro   que te atenaza,
  rumor   de estómago   animal.

Croada creuada

breu dol, l'èpica dels cossos:
geometries, cartografies, mapes i satèl·lits //
les colonitzacions del propi cos
són les croades més perverses:
com cremar el full on escrius
quin és el camí per tornar a casa.

Cruzada que se cruza

Breve duelo, la épica de los cuerpos:
geometrías, cartografías, mapas y satélites //
las colonizaciones del propio cuerpo
son las cruzadas más perversas:
como quemar la hoja donde escribes
cuál es el camino para volver a casa.

Jo et diria, amiga meva,

que no hi ha ni risc ni mort ni vida, ni tan sols un
altre astre on puguem desfer el camí i plantar de nou
els plataners, plantar de nou les buguenvíl·lees, plan-
tar de nou arrels molt fondes i fruits sucosos de vellut
que facin els dies molt més amples i les nits molt més
brillants;

però si no hi ha ni risc ni mort ni vida, ni tampoc un
altre oceà on sucar el cos i no enfonsar-se, ni un altre
cel on respirar i no desfer-se, escolta'm bé, que sols
vull dir-te:

agafa fort aquest no-viure i el seu arrossegar-se pels
camins, agafa'l fort i digues vine, vine amb mi fins a
la fondària del glacial, fins a l'esvoranc del precipici,
fins a l'entrada del volcà, fins a la punta d'aquell
llamp. I quan siguem just en el límit:

deixem-nos anar la mà.

Yo te diría, amiga mía,

que no hay ni riesgo ni muerte ni vida, ni siquiera
otro astro donde podamos deshacer el camino y
plantar de nuevo los plátanos, plantar de nuevo las
buganvillas, plantar de nuevo raíces muy profundas
y frutos jugosos de terciopelo que hagan los días mu-
cho más anchos y las noches mucho más brillantes;

pero si no hay ni riesgo ni muerte ni vida, ni tampo-
co otro océano donde mojar el cuerpo y no abismar-
se, ni otro cielo donde respirar y no deshacerse, escú-
chame bien, que solo quiero decirte:

agarra fuerte este no-vivir y su arrastrarse por los ca-
minos, agárralo fuerte y di ven, conmigo ven hasta lo
profundo del glaciar, hasta la brecha del precipicio,
hasta la entrada del volcán, hasta la punta de aquel
rayo. Y cuando estemos justo en el límite:

soltémonos la mano.

Ens queda encara cel per esmunyir,
la part del foc surant damunt de l'aigua,
un tel cremós que va tenyint
els núvols de la nit, enumerar els infants
que dormen i respiren lentament
a dins del llit. És més: encara ens queda
nuar bé els nostres cossos amb lligams
molt fràgils, escoltar el batec d'un cor
que falsament batega —mort i viu—,
prendre'l després amb les mans, aquest cor
fràgil, i entre tots dos fer l'intercanvi:
jo et dono el meu, tu em dons el teu, mirant-nos
amb dolor desconegut, i en comptar
tres, ens diem, en comptar un, dos, tres,
l'espremem fort com si tots dos volguéssim
fer-ne dia lluminós, d'aquesta nit.

Nos queda todavía cielo por deslizar,
la parte del fuego flotando sobre el agua,
una tela cremosa que va tiñendo
las nubes de la noche, enumerar los niños
que duermen y respiran lentamente
en la cama. Es más: aún nos queda
anudar bien nuestros cuerpos con lazos
muy frágiles, escuchar el latido de un corazón
que falsamente late —muerto y vivo—,
cogerlo después con las manos, este corazón
frágil, y entre los dos hacer el intercambio:
yo te doy el mío, tú me das el tuyo, mirándonos
con dolor desconocido, y al contar
tres, nos decimos, al contar uno, dos, tres,
lo exprimimos fuerte como si los dos quisiéramos
hacer día luminoso, de esta noche.

Poema de la fi II

L'amor també era això: un recer
en la intempèrie i totes les ventades, després.
Descompartir —que vol dir trencar—,
i trobar-nos per desfer el cabdell,
i separar-nos per refer el cabdell
sota el cel rovellat de tant mirar-lo.
Cosir la nit i descosir-la de dia.
No embastar la vida: desbotonar-la.
La vida —lloc on es fa impossible viure.
L'amor —lloc on es fa impossible estimar.
Cremar-se les mans amb la neu tan freda
que fa gruix davant de la sortida,
i tancar les portes de l'infern i esperar
que n'hi hagi prou i que es perdi
la malura pels camins enrevessats.
Obrir-les després d'enyor de flamarada
i cridar la paraula *vida*, la paraula *amor*,
i esperar sempre, sempre esperar que faci eco
a les sales buides de l'infern que has tornat a obrir.
Ser anterior a les paraules, i desaparèixer
rere l'engolida d'una pastilla que et retorna,

Poema del fin II

El amor también era eso: un refugio
en la intemperie y todas las ventadas después.
Descompartir —que quiere decir romper—,
y encontrarnos para deshacer el ovillo,
y separarnos para rehacer el ovillo
bajo el cielo oxidado de tanto mirarlo.
Coser la noche y descoserla de día.
No hilvanar la vida: desabrocharla.
La vida —lugar donde se hace imposible vivir.
El amor —lugar donde se hace imposible amar.
Quemarse las manos con la nieve helada
que hace bulto frente a la salida,
y cerrar las puertas del infierno y esperar
que baste y que se pierda
la infección por los caminos intrincados.
Abrirlas después de la nostalgia de llamarada
y gritar la palabra *vida*, la palabra *amor,*
y esperar siempre, siempre esperar que haga eco
en las salas vacías del infierno que has vuelto a abrir.
Ser anterior a las palabras, y desaparecer
tras engullir una pastilla que te devuelve,

com una faula, al principi, a un nou recer,
a un altre indret desconegut, amb les mateixes
ventades que l'enfonsen: l'amor.

como una fábula, al principio, a un nuevo refugio,
a otro lugar desconocido, con las mismas
ventadas que lo hunden: el amor.

Del cretaci a avui al matí

Com sis mil astres que ho fan tot
i no fan res, a la vegada,
que només pesen i graviten
i s'empassen meteorits.
Així la fruita cau, tota macada,
i quan l'agafo terriblement
m'apunta a mi. I dicta el càstig.
Per exemple: la meva mà que pren
els teus dits i els burxa cor endins;
per exemple: el miner que esventra
el món a través de les cavitats;
per exemple: un nen que s'arrossega
matriu amunt, deshabitant el viure;
per exemple: tu dient-me que l'amor
és un buit on vam trobar-nos,
i que el buit, com el solc
que deixa a terra un meteorit,
com el trau que perfora
el cuc dins aquell fruit,
de ser tan buit, desapareix.

Del cretáceo a hoy por la mañana

Como seis mil astros que lo hacen todo
y no hacen nada, a la vez,
que solo pesan y gravitan
y tragan meteoritos.
Así la fruta cae, estropeada,
y cuando la atrapo terriblemente
me apunta a mí. Y dicta el castigo.
Por ejemplo: mi mano que agarra
tus dedos y los punza corazón adentro;
por ejemplo: el minero que destripa
el mundo a través de las cavidades;
por ejemplo: un niño que se arrastra
matriz arriba, deshabitando el vivir;
por ejemplo: tú diciéndome que el amor
es un vacío donde nos encontramos,
y que el vacío, como el surco
que deja en la tierra un meteorito,
como el agujero que perfora
el gusano por dentro de aquel fruto,
de ser tan vacío, desaparece.

Aquí, hi he estat abans: he vist
aquest crim nou altra vegada, he vist
aquest ficus vermell florir tants cops,
ja, he vist el lloc, l'hora, la data,
aquesta mateixa data exacta, he vist
el fruit tallat pel mig i la polpa
brillant al sostre, he vist també
el pes d'una destral entre les mans,
—i no duia cap destral agafada,
entre les mans. He vist el futur
en figures de porcellana —i jo les podia
moure, corrupte—, he vist la mentida
vívida i inútil desconnectar tants
cables poderosos, que eren tan forts,
he vist com tothom em deia
«era com tu, ets com ell, t'hi assembles
massa», he vist morir una nit que era
tota meva al llit del mar, l'inacabable
pasturar dels ramats per la muntanya,
i el seu pastar l'herba com t'agafava
jo les mans. També, molt temps

Aquí he estado antes: he visto
este crimen nuevo otra vez, he visto
este ficus rojo florecer tantas veces,
ya, he visto el lugar, la hora, la fecha,
esta misma fecha exacta, he visto
el fruto cortado al medio y la pulpa
brillante en el techo, he visto también
el peso de un hacha entre las manos,
—y no llevaba ninguna hacha cogida,
entre las manos. He visto el futuro
en figuras de porcelana —y yo las podía
mover, corrupto—, he visto la mentira
vívida e inútil desconectar tantos
cables poderosos, que eran tan fuertes,
he visto como todos me decían
«era como tú, eres como él, te pareces
demasiado», he visto morir una noche que era
toda mía en el lecho del mar, el inacabable
pacer de los rebaños por la montaña,
y su pastar la hierba como te cogía
yo las manos. También, mucho tiempo

després, l'esclat dels ulls damunt
les fulles, i les flors, i els fruits,
que ho pintaven tot de carmí
i s'unia amb la vida gelatinós el món.
He vist l'aigua que es movia fent cercles,
en l'estany, i les carpes obrint les boques
on cabia un altre món, sencer,
a dins, i en cada floc que dava, els dava
també un tros de mi, de pell sobrera.
I he vist, com sé que veuré quan de nou
torni a ser aquí, pensant sense barana,
que hi ha una missió que desconec
que he d'acomplir: de petit,
van posar-me-la a les mans, van dir-me
«té, ara crea un déu», i ni la tramuntana
ni aquest vent d'estepa no l'han dissolt encara.

después, el estallido de los ojos sobre
las hojas, y las flores, y los frutos,
que lo pintaban todo de carmín
y se unía con la vida gelatinoso el mundo.
He visto el agua que se movía haciendo círculos,
en el estanque, y las carpas abriendo las bocas
donde cabía otro mundo, entero,
dentro, y en cada miga que daba, les daba
también un trozo de mí, de piel sobrante.
Y he visto, como sé que veré cuando de nuevo
vuelva a estar aquí, pensando sin baranda,
que hay una misión que desconozco
que debo cumplir: de pequeño,
me la pusieron en las manos, me dijeron
«toma, ahora crea un dios», y ni la tramontana
ni este viento de estepa la han disuelto aún.

quart esbós i últim

Quina tristesa d'avui endavant, el nostre tan estret
cercar-nos per les pedres, entre les cases on ja no
viurà mai més ningú, a dins els escenaris invisibles
que dèiem que viuríem algun dia, ves a saber com i
ves a saber quan, per sobre l'asfalt, allí col·lidits entre
la grava, xiulant cançons que no haurem escoltat mai.
Sentir el soroll del caminar i que no siguis tu qui va
buscant-me. Cap mà ja no em diu adeu, si no és la teva.

cuarto esbozo y último

Qué tristeza, de hoy en adelante, nuestro tan estrecho buscarnos por las piedras, entre las casas donde ya nunca vivirá nadie más, dentro de los escenarios invisibles donde dijimos que viviríamos algún día, ve a saber cómo y ve a saber cuándo, por encima del asfalto, allí topados entre la grava, silbando canciones que no habremos escuchado nunca. Oír el ruido del caminar y que no seas tú quien me va buscando. Ya ninguna mano me dice adiós, si no es la tuya.

LAIA LÓPEZ MANRIQUE

(Lo)

Estar dentro del grito. No traspasarlo. No ir hacia él.
No abrirlo en canal: estar ya dentro. Como una cria-
tura minúscula y febril. Un demiurgo. Agitar las vo-
ces dentro del grito. Cambiar la dirección del sonido.
Que no entre en el cuerpo, que no entre: que salga
del tímpano, que lo abandone. A veces. Que el grito
a veces salga, sin garganta, del tímpano. Que el grito
resuene entonces hacia el cuerpo como una pequeña
onda desventrada. Que entre así en la garganta. Que
desde dentro la captación del grito sea, al menos, tri-
ple. Que se sienta, cuerpo abajo, cómo el grito sufre,
cómo es enroscado sobre sí, cómo cada pliegue ruge,
choca y se desborda entre los órganos.

Ser (lo). Criatura impenitente, cubierta por el vello
leve de un polluelo. Animal aterido y múltiple como
el plancton. Sin unidad, sin composición, sin lazos
de familia. Apenas. Ser lo (que está dentro del grito.)
Lo (que no tiene un solo nombre), lo (que no tiene,
porque tener no es su posibilidad ni su atributo.)
Criatura que no llena un sintagma, que solo araña

sus esquinas. Criatura seca y virgen. Desdibujada para sí. Ausente para otros. Observada por el grito como su asesino. Observada por el grito como su parásito. Observada por el grito jamás como su núcleo: como una parda extremidad, un antebrazo, el enigma planteado por la esfinge. El gran desgarramiento.

Nora Flood y Robin Vote

Perdonadme, pero tengo que irme.

DJUNA BARNES

La risa de una mujer puede ser el infierno. La/la risa/
risa de/de dos/dos mujeres/mujeres juntas/juntas
puede/puede ser/ser la/la puerta/puerta vacilante/
vacilante de/de un/un refugio/refugio entreabierto/
abierto antesala/antesala de/de un/un rictus/rictus
cautivo/cautivo. La risa de dos mujeres separadas-
roto el lazo- cubierta la mandíbula de hierba y blan-
cas floraciones- es igual al llanto.

Phantom Among Phantoms

¿Y pude llenar tu nombre?
PERLA ROTZAIT

(i)

no cabe tu nombre entre tanto silencio
no debiste jamás llevar un nombre
sino acoger en ti
la verdosa lejanía
el cauce de la tierra
que se espesa ante los ojos
los dedos sucios de hierba
el acecho del mar contra la isla

(ii)

donde la razón muere
yo escribo una sombra
un diagrama de sombras
y encorvo
la impudicia de ser un filamento
el agua bebe claridad y ahogados
en mi garganta
donde abraza el vacío y tiemblan
las letras

que sostienen algo en mí:
el pesado equilibrio de mi nombre
debajo del poema

(iii)

si quisiera volver a decir tu nombre
no buscaría un símil
no tentaría al hueso en su ambición
de rueca y sangre
apenas
velaría mi voz
en un lenguaje sin cuerpo
un lenguaje que fuera solo cuerpo y volumen
contraluz
y densidad de los árboles
de un bosque
a punto de incendiarse

No

Ella me dijo: «Y entonces aprendí a vivir como si tú ya hubieras muerto» – pero yo vivía.

Cito lo que no aparece. Si lo hago, al citarte en la cadena enhebrada, alimenticia, el pasado, el presente y los restos del futuro se destruyen. Yo te hago aparecer ahora, citándote. Para vivir. Ella me dijo. Ella me dijo. Hueso sacro, rostro ovalado, muñecas, pubis. Cuando mueras yo no; cuando mueras, si mueres, porque habrás de morir, la ausencia no será un taburete vacío, un simple gesto huido en el espejo. Si mueres, porque habrás de morir, todavía, y yo habré de morir, lo que quede será lo que no queda: el ruido de mi cuerpo al golpearse en la persiana, el que harán los otros cuerpos nacidos tras el tuyo.

Cito lo que no aparece y si lo cito, si te cito a ti, así, removida, si te cito a ti recorriendo otras ciudades, desligada tu melena de mi ojo, el pie de la lente óptica en la espalda, desligada la sopa de la cuchara y tus labios del caldo al secarse hacia la boca, tus caderas de mis manos. Si no apareces, porque no aparecerás, en el no-suceso habrá evisceración, caída de la voz en la garganta, y en el suceso habrá volumen y sacudidas; en el no-suceso dejaré de tener hambre y de perder aliento en cajas huecas, pero en el suceso no dejaré de perder aliento y tendré hambre; en el no-suceso olvidaré el arco de la voz y las mejillas, y en el suceso las recordaré; en el no-suceso habrá tábula rasa y surco y año cero y en el suceso, óxido, inscripciones.

Ella me dijo: todo tiene dos medidas, dos curvas. Una horizontal y una vertical. Una justa y otra rebosante. Tú eres vertical y rebosante. Si ella lo hubiera dicho. Si ella ahora, tú, quién, yo, dijéramos esto con el mismo tono con que un papel de lija resuena al deslizarse contra cualquier superficie. Nos oiríamos. Lograríamos comprender. En el sonido, en el incierto merodeo del sonido, algo parecido a la conciencia. Tal vez. Como zurcir la pieza antes del roto. Rodeando el núcleo de la llaga. La excoriación cubierta de avena. Síntesis desconcertada. Ida.

Rasgad las vestiduras

Ellas. Gorriones sobre la tierra negra, carruajes de lúnula, raspaduras. Quiénes son, dijeron: ellas, gorriones sobre la tierra negra, carruajes de lúnula, raspaduras. [Ellas tienen]: No, ellas no tienen. Ellas guardan deseo. Ganas de hervir.

[Ellas guardan] Palabras y palabras donde hervir. Qué se hierve. Tal vez se hierve quien articula este discurso, estas palabras. Qué se hierba. Crecen a través de ellas los tallos, los tallos en la tierra negra: tallan esta lengua para mostrar la semejanza entre, la obscena semejanza, la disímil; la señalan, le hacen señas, porque no había nadie a quien ceder la imagen más allá del espejo y sí, lo hubo, donde el espejo limita con el suelo, donde limita y hay el suelo, donde se asienta, asiente, y ellas asienten, ellas se colocan en el margen de recorte, su integridad volcada.

Ellas guardan el daño, un daño inscrito: un daño lateral, pronunciado. Un daño ligero como los restos de piel en la muda. Para significar que fueron hubieron de robar una tela estrecha y rijosa y arañarla, para significar que fueron hubieron de asestar el golpe en la crin del caballo, decir: historia, decir: histeria, pronunciar las palabras donde no había palabras sino un zumbido arcano y contagioso (zzzzzzzzzzumbido, lo oiremos antes que las palabras, el zumbido de ellas, zzzzzzzzzumbido, llegará antes que las palabras dibujando sus llagas su música, antes que las palabras el sssssssssilencio dispuesto en la mesa como un mantel lleno de migajas, promontorios.) Ábsides bajo la tierra negra, bajo la tierra crecen, añoran y buscan, bajo la tierra las fieles, las taimadas, hacen chocar sus uñas contra el primer estrato y el segundo estrato y el tercer estrato (...) porque no entienden lo que es la muerte, porque la muerte en ellas se extiende y extendiéndose existe como una forma de vida otra, ellas zzzzzzzzzumban, broncas y livianas en la transfiguración, surcan, acarician con la yema abierta la tierra que las expulsaba.

La canción de Lilith

ella
quería copular con la creación entera
con los restos de tierra que se desprenden de las
constelaciones con un nido de zorzales diminutos
con el desuello de las reses
con un sedimento con lo abotargado con lo
                                        [antónimo
con una tenaza con
la savia de las
flores de color rojo con-
sigo-
misma-misma *semper eadem*
con las páginas que la predicaban
con lo cardinal y lo quebrado de sí y de las otras
con lo entremezclado
difícil
fangoso

Epítetos lésbicos

la escoradora   la que nunca renuncia   la que sabe
    y espera batiente y abrasiva como
la llama
la dispensadora de rastro   la equinácea   la
                                    [malvardida
la ruin   la que partía en dos los ojos de los
                                    [crustáceos
la que se desdijo la que no
la atendosa   la irrespirante   la que resollaba
la que olvida los zapatos debajo cualquier repisa
la alfombrada en el placer
la acúfena   la de la crin suave   la ternacera
la disyuntiva   la discursante
la pintada de amatista   la plisadiosa   la biomba
la aflojadora de suelos   la escalena   la que invitará
    a entrar en la cueva a horcajadas
la que hace perder pie   la que devuelve la ruta
la recostada   la llantisa   la espinadora
la adoratriz   la purulante
la anhémula

Telegrama

La carta llegará como un tañido inverso: uno de esos gorgoteos viscosos y eléctricos que emiten las lombrices gigantes de Australia. Suena como un desagüe: quizás se lleve, para terminarlo, el duelo. La habrá escrito con la boca, tomando el bolígrafo entre los dientes, manchándose las papilas de tinta:

cómo estás ha pasado tal vez no lo sé bien ¿el tiempo?
verás
quería explicarte
volví a acercarme a la Porte de Vanves
compré un pañuelo moteado y un broche en forma de
*   [mariposa*
con incrustaciones rojas
y un exoesqueleto
duro
de metal candente
encima de un montón desordenado
del rastro
asomó
abultada como el ojo de un anfibio

aquella novelita breve de Stefan Zweig
la abrí al azar
tratando de dar con una frase
exacta
—la que tú misma podrías haber dicho—
en vano
ese mediodía
comí delante de un teatro
cerrado
y pobre
y mientras masticaba
un trozo de patata hundida en una salsa blanca
dos hombres se sentaron en la mesa de al lado
con sus hijos
pequeños
pensé en cómo hubiera sido
reemplazando sus cuerpos por los nuestros
y a los niños
por algo
material
y efectivo
o por otros niños
quizás
los que tú
deseabas
a veces
parir

dibujé
en un margen del mantel
en contraste
el hornillo
el calefactor
mis pocas y parvas pertenencias
pero había dentro-de-mí
esa alegría tenue e inverosímil
de las tardes de luz
en invierno
un calor matricial como un espino
escondido
en el nervio intercostal
por la noche pronuncié tu nombre
unido al de Spinoza
en el nicho ventoso de una plaza
no sé si te acuerdas de que siempre que menciono a
    Spinoza
me acabo refiriendo
al desencanto

Procedencia de los poemas

Parte I. SOY UNA FERIA

Juanpe Sánchez López

«Los cielos terrestres» y «2020. las formas lingüísticas o algo más están atravesadas inevitablemente por otras formas como las de producción, instrumentalización y profesionalización y algo más y les impiden coincidir en tiempos y espacios iguales condenándoles a una ausencia permanente», de *Desde las gradas,* Letraversal, 2021.

«Souvenirs de mis novios: o cómo los recuerdos cambian de color» y «Mi amiga me dice que todos estamos más o menos deprimidos», inéditos.

Berta García Faet

«Elegía desde el silencio que queda en el campo de batalla una vez Troya-mi corazón queda devastada (I, II, III, IV y V)», de *Corazón tradicionalista: Poesía 2008-2011,* La Bella Varsovia, 2017. Por "Elegía": © De los poemas, Berta García Faet, 2022, © De esta edición, La Bella Varsovia, 2022, Editorial Anagrama, S. A., Pau Claris, 172, 08037–Barcelona.

«Emma (I, II, III y IV)», de *La edad de merecer*, La Bella Varsovia, 2015. Por "Emma": © De los poemas, Berta García Faet, 2015, © De esta edición, La Bella Varsovia, 2022, Editorial Anagrama, S. A., Pau Claris, 172, 08037–Barcelona.

«Oye qué edad tienes? Pareces una mujer», de *Corazonada*, La Bella Varsovia, 2023. Por "Oye": © De los poemas, Berta García Faet, 2023, © De esta edición, La Bella Varsovia, 2023, Editorial Anagrama, S. A., Pau Claris, 172, 08037–Barcelona.

HÉCTOR ACEVES

«II. Poema tradicional de amor», «III. Si Venus fuese un chico», «VI. Variación de un fragmento de Safo», «XIV. Los amantes se quedan dormidos al final» y «XXVI. Lugares donde quienes se amaron se amaron mucho», de *Lugares donde quienes se amaron se amaron mucho*, Hiperión, 2023.

Parte II. ALUCINACIONES

GABRIELA WIENER

«Huaco erótico» y «Embarazadas» y «Ligándome una ucraniana», de *Una pequeña fiesta llamada Eternidad*, La Bella Varsovia, 2023.

«Idea para una versión antirracista de Otelo», inédito.

Txus Garcia

«Mama» y «Panspermia», de la antología *OhDiosas*, VV.AA.,
selección de Ana Patricia Moya y Elena Román, Ediciones
Raro, 2023.

«Panem et circenses», de la antología *Conjugar el amor. Escritos alternativos al discurso amoroso*, Editorial La Oveja
Roja, 2020.

«Padre» y «Poeto», de *Este torcido amor (La ternura de los ahogados)*, Edicions Bellaterra, 2018.

«No debería Vd.» y «¡Cuidado!», de *Poesía para niñas bien
(Tits in my bowl)*, Cangrejo Pistolero Ediciones, 2011.

Roberta Marrero

«Cuerpo trans», «Proletariado del Amor (pensando en S.)»,
«La travesti dijo» y «Navaja»: de *Todo era por ser fuego. Poemas de chulos, trans y travestis*, Continta me tienes, 2022.
«XXIV», «XXVIII», «XXXV» y «XXXIX», inéditos.

Antón Lopo

«[Poeta namorado. Dúas da mañá]», «[Trans en excursión
nocturna. Dúas e media da mañá]», «[Poeta namorado.
Tres menos cuarto da mañá]», «[Trans ás catro e media da
mañá]», de *Lampíricos*, Fundación Uxío Novoneyra, 2020.

«A terceira nai», «O río» y «Movementos mínimos», de
Diarios / 1. Azul Monforte, Espiral Maior, 2023.

Parte III. BENDITA IMAGINACIÓN

Sara Torres

«[Yo abro tu pecho con mis diez dedos]», de *Conjuros y cantos*, Kriller71, 2016.

«[y llegará pisando finas caracolas]», «[de la que aún es joven]», inéditos.

«[subiría al coche de caballos]», de *El ritual del baño*, La Bella Varsovia, 2021.

«[:: con la fuerza de ¿dos brazos?]», «[:: alguien acerca un pan al fuego]» y «[:: en la tristeza puede medrar]», de *Phantasmagoria*, La Bella Varsovia, 2019.

Pol Guasch

«Res en mon vers no pot fallir» y «Croada creuada»: de *Tanta gana*, La Breu Edicions, 2018.

«[Jo et diria, amiga meva]», «[Ens queda encara cel per esmunyr]», «Poema de la fi II», «Del cretaci a avui al matí», «[Aquí, hi he estat abans]» y «Quart esbós i últim»: de *La part del foc*, Viena Edicions, 2021.

Laia López Manrique

«(Lo)» y «Nora Flood y Robin Vote», de *La mujer cíclica seguido de Speculum*, La Garúa, 2022.

«Phantmon Among Phantoms» y «No», de *Transfusas*, Ediciones del 4 de Agosto, 2018.

«Rasgad las vestiduras», «La canción de Lilith», «Epítetos lésbicos» y «Telegrama», de *Periférica interior*, Stendhal Books, 2021.

Semblanzas

Héctor Aceves (Madrid, 2001) es filólogo hispánico por la Universidad Autónoma de Madrid. Sus poemas han aparecido en revistas como *Zéjel*, *Caracol nocturno*, *Mirlo* y *Nayagua*, y en medios digitales como *Zenda*. En 2023, publica *Lugares donde quienes se amaron se amaron mucho* en Ediciones Hiperión, poemario con el que resultó ganador del V Premio de Poesía Joven «Tino Barriuso».

Instagram: @hxctoraceves
Twitter: @h_aceves_

Txus Garcia (él). 1974. Escritor, estudioso de la simbología y rapsoda. Activista LGBTIQA++ y antiespecista independiente, se expresa mediante la poesía escénica y acciones performáticas basadas en textos propios y de otros autores, siempre desde la ternura y el sentido del humor.

Ha colaborado en numerosas revistas, medios de comunicación y antologías. Su primer libro, *Poesía para niñas bien* (Cangrejo Pistolero Ediciones, Sevilla, 2011), fue reeditado en 2018 por Edicions Bellaterra junto al segundo, *Este torcido amor (La ternura de los ahogados).* Ambas obras fueron traducidas en 2021 por Lucie Lavergne en el volumen *Txus Garcia: poèmes queer,* editado por Presses Universitaires Blaise-Pascal. Algunos de sus versos han sido traducidos también al inglés, griego, catalán y gallego, y reseñados en comunicaciones y publicaciones nacionales e internacionales especializadas en literatura, género y diversidad sexual.

Txusgarcia.com

Instagram: @txusgarcia

Twitter: Txus_Garcia

Berta García Faet (Valencia, 1988). Escritora, investigadora de niñerías, cursilerías, lenguas romances y animalismos. Autora de los libros de poesía, todos ellos publicados en La Bella Varsovia, *Corazonada* (2023); *Una pequeña personalidad linda* (2021); *Los salmos fosforitos* (2017), Premio Nacional de Poesía Joven «Miguel Hernández» 2018; *La edad de merecer* (2015), traducido al inglés por Kelsi Vanada con el título de *The Eligible Age* (Song Bridge Press, 2018); y otros cuatro poemarios, reunidos en *Corazón tradicionalista: Poesía 2008-2011* (2017). Ha traducido, entre otros, a Paul Legault (para Kriller71) y a Blanca Llum Vidal (para Ultramarinos). Recientemente ha publicado el ensayo *El arte de encender las palabras* (Barlin,

2023). Doctora en Estudios Hispánicos (Brown University, EE.UU.).

Instagram: @berta_garciafaet

POL GUASCH (Tarragona, 1997) es autor de los libros de poesía *Tanta gana* (Premi Francesc Garriga 2018) y *La part del foc* (Premi López-Picó 2020, publicado en castellano por Ultramarinos Editorial). *Napalm al cor* (Premi Llibres Anagrama 2021), su primera novela, se ha traducido a varias lenguas, como el inglés, castellano, francés, alemán o italiano, y ha sido distinguida con el Premi 42 Revelació en catalán y el Premio Talento a bordo del Festival Eñe de Madrid. *Ofert a les mans, el paradís crema* (Anagrama, 2024) es su última novela.

Twitter: @ polguapolgua
Instagram @ polgua

LAIA LÓPEZ MANRIQUE nació en Barcelona en 1982. Estudió Filosofía y Teoría de la literatura y Literatura comparada en la Universitat de Barcelona. Es autora de los libros *Deriva* (2012), *La mujer cíclica* (2014), *Desbordamientos* (2015), *Transfusas* (2018), *Speculum* (2019) y *Periférica interior* (2021). Poemas suyos han sido traducidos a diversas lenguas e incluidos en compilaciones y revistas internacionales.

Instagram: @_donnafugata_

ANTÓN LOPO (Monforte de Lemos, 1961) asegura «Un lenguaje es lo único trascendente que podemos habitar», autor que se mueve en los límites porosos de la poesía, sea en su dimensión de perfomer, de poeta, novelista, dramaturgo, periodista, investigador o escritor de literatura documental, género al que entregó buena parte de su trabajo, con títulos como *Arturo Baltar, el amigo de Caín* o *La distancia del lobo*, traducido a varios idiomas. Actualmente dirige Chan da Pólvora, editorial especializada en poesía, y Batiscafo, un sello que tiene como objetivo difundir los poetas de Galicia en el exterior. Desde hace seis años está al frente del equipo que desarrolla en Compostela el festival de poesía *Alguén que respira!* Publicó en 1988 su primer poemario, titulado *Sucios e desexados* (1988), al que siguieron *Manual de masoquistas* (1991), *Á sombra dos rapaces mexando* (1992), *Libro dos amados* y *Om* (1996), *Pronomes* (1998), *Clónicas (Palabras para Ana)* (1999), *Fálame* (2004), *Dentro* (2005), *Corpo* (2018) y *Diarios / 1 [Azul Monforte]* (2023). En el ámbito de la narración, se especializó en obras singulares dentro del género fantástico y de ciencia-ficción, como *Ganga* (2000) u *Obediencia* (2010). Su novela más reciente, *Extraordinario* (2018), obtuvo, entre otros galardones, el Premio de la Crítica Española a la mejor novela en gallego. De sus trabajos perfomáticos sobresalen *O outro estremo do paraí-*

so (1998) y *Lob*s* (1999), junto a Ana Romaní, o *Prestidixitador* (2000), *Acción* (2004) e *Lampíricos* (2013). El texto de esta última propuesta, que llevó durante varios años a museos, galerías, bosques, iglesias y casas abandonadas, ha sido publicado en 2020 por la Fundación Uxío Novoneyra.

Roberta Marrero es artista plástica y escritora. Debutó como autora con su novela gráfica *El bebé verde. Infancia, transexualidad y héroes del Pop* (Lunwerg 2016). Las obsesiones reflejadas en su trabajo son diversas: lo autobiográfico, el deseo, el amor, el sexo, los ídolos culturales o las imágenes de poder, lo religioso y oculto.

Instagram: @roberta_marrero

Juanpe Sánchez López (Alicante, 1994) es escritor e investigador universitario. Ha publicado el poemario *Desde las gradas* (Letraversal, 2021) y el ensayo *Superemocional. Una defensa del amor* (Continta Me Tienes, 2023), además de participar en el volumen conjunto *(h)amor roto* (Continta Me Tienes, 2022). Sus investigaciones académicas y literarias giran en torno al amor, los afectos, la epistemología social y los estereotipos de género.

SARA TORRES (Gijón, 1991). Su trabajo teórico-creativo se centra en el análisis de deseo, cuerpo y discurso. Doctora por la Universidad Queen Mary de Londres. Con la tesis: *The Lesbian Text: Fetish, Fantasy and Queer Becomings. Máster en Critical Methodologies* en Kings College London. Con su primer libro, *La otra genealogía,* ganó el Premio Nacional de Poesía Gloria Fuertes. Ha publicado también *Conjuros y Cantos, Phantasmagoria* y *El ritual del baño.* Su novela *Lo que hay* (2022) recibió el premio de los libreros a autora revelación del año. Colabora regularmente con universidades, fundaciones culturales y centros de arte. Instagram: @saratorresrdzdecastro

GABRIELA WIENER (Lima, 1975). Es escritora y periodista peruana residente en Madrid. Ha publicado los libros *Sexografías, Nueve Lunas, Llamada perdida, Dicen de mí* y los libros de poemas *Ejercicios para el endurecimiento del espíritu* y *Una pequeña fiesta llamada eternidad.* Sus textos han aparecido en antologías nacionales e internacionales y han sido traducidos al inglés, portugués, polaco, francés e italiano. Sus primeras historias se publicaron en la revista peruana de periodismo narrativo *Etiqueta Negra.* Fue redactora jefe de la revista *Marie Claire* en España y columnista del *New York Times* en español. Hoy escribe una columna para *publico.es.* Ganó el Premio Nacional de periodismo de su país por un reportaje de investigación sobre un caso de violencia de género. Es creadora de varias performances que ha puesto en escena junto a su familia. Recientemente escribió y protagonizó la obra de teatro *Qué locura enamorarme yo de ti*. Su libro más reciente es la novela *Huaco Retrato*. Junto a sus compañeras está construyendo el proyecto de residencia literaria y comunidad artística Sudakasa en Castilla La Mancha, España.

Traducciones

Gonzalo Hermo (Rianxo, 1987) es escritor, traductor y profesor. Ha publicado los libros de poemas *Crac, Celebración* y *A vida salvaxe* y la novela *Diario dun enterro*. En 2015 recibió el Premio Nacional de Poesía Joven «Miguel Hernández».
Instagram: @gonzalo.hermo

Ismael Ramos (Mazaricos, Costa da Morte, 1994). Es autor del libro de cuentos *A parte fácil* (2023) y de los poemarios *Lixeiro* (Premio Nacional de Poesía Joven «Miguel Hernández», 2021), *Lumes* (Premio «Javier Morote» de *Las Librerías Recomiendan*, 2017) y *Os fillos da fame* (Premio Johán Carballeira de Poesía, 2016); algunos de ellos traducidos al español por él mismo: *La parte fácil* (Las Afueras, 2023), *Ligero* (La

Bella Varsovia, 2021) y *Fuegos* (La Bella Varsovia, 2019). Como articulista recibió el Premio de Xornalismo Manuel Lueiro Rey (2022) y colabora habitualmente en *elDiario.es*. Y como traductor publicó la versión española de *Los inocentes* de María do Cebreiro (Vaso Roto, 2019) y pronto verán la luz *Diarios 1 / Azul Monforte* y *Lampíricos* de Antón Lopo.

Antologuista

ÁNGELO NÉSTORE (Lecce, 1986 / Málaga). Artista no binaria. Su obra gira en torno a lo poético, entendido como territorio queer en el cual la poesía se hibrida con disciplinas como la música, la performance o las artes escénicas. *Poeta Cíborg Pecador* es su primer experimento poético-musical, basado en sus poemas, seguido por *Incógnito*. Ha publicado *Hágase mi voluntad* (XX Premio de Poesía Emilio Prados, Pre-Textos, 2020), *Actos impuros* (XXXII Premio de Poesía Hiperión, 2017), traducido al inglés con el título *Impure Acts* por Lawrence Schimel en la editorial neoyorquina Indolent Books y *Adán o nada* (Bandaàparte Editores, 2017). En 2021 su libro *Deseo de ser árbol* fue distinguido con el Premio ESPASAesPOESÍA.

En 2021 se ha publicado su primera colección de poesía en italiano, titulada *I corpi a mezzanotte* (Interlinea Poesía, 2021). Actualmente co-dirige el Festival Internacional de Poesía de Málaga Irreconciliables, es director editorial de la editorial de poesía Letraversal e imparte clases en el Departamento de Traducción e Interpretación de la Universidad de Málaga.

Con dieciocho años se alzó con el Premio a la Mejor Interpretación Masculina en el Concurso Nacional de Teatro Vittorio Gassman de Roma. Sus últimas obras teatrales son el monólogo en homenaje a Gloria Fuertes, *Esto no es un monólogo, es una mujer* (autor y director) y la pieza en solitario *Lo inhabitable*, en la que dialogan poesía, teatro y performance.

En 2018 se le ha otorgado el Premio Ocaña a su trayectoria poética en el XXI Festival Internacional de Cine LGBT de Extremadura.

Nuestra biblioteca abierta y extraña

Un espacio de lecturas pensado desde lo queer compartido por todes les participantes de esta antología:

POESÍA

Ángelo recomienda *Dolore mínimo*, de G<small>IOVANNA</small> V<small>I-</small>
V<small>INETTO</small>, en traducción de Pedro J. Plaza y Ángelo
Néstore (Letraversal, 2021).

Roberta recomienda *No nos deis por muertos*, de D<small>ANEZ</small>
S<small>MITH</small>, en traducción de Lawrence Schimel (Arrebato libros, 2022).

Laia recomienda *Galaxias de mujeres*, de A<small>DRIENNE</small>
R<small>ICH</small>, en traducción de Arantxa Azurmendi Muñoa, Carmen Oliart Delgado de Torres y Ana Mañeru Méndez (Sabina Editorial, 2020).

Juanpe y Héctor recomiendan *Mi juventud unida*, de
M<small>ARIANO</small> B<small>LATT</small> (Blatt & Ríos, 2020).

Pol recomienda *Nosaltres, qui* de M<small>IREIA</small> C<small>ALAFELL</small>
(LaBreu Edicions, 2020).

Ismael recomienda *Todo isto antes era noite* de L<small>UCÍA</small>
A<small>LDAO</small> (Apiario, 2018).

Antón recomienda *Dendrita* de P<small>AULA</small> L<small>UÍS</small> (Chan da
Pólvora, 2020).

Txus recomienda *La balada de la soltera,* de Ana Patricia Moya (Averso poesía, 2023).

Gabriela recomienda *España, aparta de mí este cáliz,* de César Vallejo (Cátedra, 2002).

Sara recomienda el libro híbrido entre poesía, prosa y fotografía *Our World,* de Mary Oliver y Molly Malone Cook (Beacon Press, 2007).

Gonzalo recomienda *Memorial e danza,* de Francisco Cortegoso (Espiral Maior, 2014) (edición en castellano con traducción de Gonzalo Hermo: *Memorial y danza,* Ultramarinos, 2020) y la antología *Campo de plumas. Poemas LGBT+ para a mocidade dende a Antigüidade ata hoxe,* selección y traducción de Jesús Castro Yáñez (Sushi Books, 2021).

OTROS GÉNEROS DE FICCIÓN

Ángelo recomienda la novela gráfica *Fun Home,* de Alison Bechdel, en traducción de Rocío de la Maya (Reservoir Books, 2008).

Roberta recomienda *Diario del ladrón*, de Jean Genet, en traducción de Lydia Vázquez Jiménez (Cabaret Voltaire, 2023).

Laia recomienda *Después de Safo, de* Selby Wynn Schwartz, en traducción de Aurora Luque (Alianza Editorial, 2023).

Juanpe y Pol recomiendan *Un beso de Dick,* de Fernando Molano Vargas (Blatt & Ríos, 2021).

Berta recomienda *Oculto sendero,* DE ELENA FORTÚN (Renacimiento, 2016), y *¡Oh, esto parece el paraíso!,* de JOHN CHEEVER, en traducción de Mª Isabel de Juan Gruyat (Debolsillo, 2018).

Ismael recomienda *Ladrilleros,* de SELVA ALMADA (Random House, 2021).

Antón Lopo recomienda *A semellanza,* de MARÍA XOSÉ QUEIZÁN (Sotelo Blanco, 1995).

Héctor recomienda *Contra natura,* de ÁLVARO POMBO (Anagrama, 2007).

Sara recomienda el libro de textos breves *Borrador para un diccionario de las amantes,* de MONIQUE WITTIG y SANDY ZEIG, en traducción de Cristina Peri Rossi (Continta me tienes, 2023).

Gonzalo recomienda *O derradeiro libro de Emma Olsen,* de BERTA DÁVILA (Galaxia, 2013) (edición en castellano en traducción de Rubén Ruibal, *El último libro de Emma Olsen*, Mar Maior, 2014).

ENSAYOS Y OTROS LIBROS DE NO FICCIÓN

Ángelo recomienda *A la conquista del cuerpo equivocado,* de MIQUEL MISSÉ (Egales, 2020).

Roberta recomienda *La mujer sadiana,* de ANGELA CARTER, en traducción de Graziella Baravalle (Editorial Edhasa, 1981).

Laia recomienda *El fantasma lesbiano,* de BÁRBARA RAMAJO (Bellaterra Ediciones, 2023).

Juanpe recomienda *Utopía Queer,* de José Esteban Muñoz (Caja Negra, 2020).

Berta recomienda *Un apartamento en Urano,* de Paul B. Preciado (Anagrama, 2019).

Pol recomienda *De perlas y cicatrices,* de Pedro Lemebel (Seix Barral, 2010).

Ismael recomienda *Regreso a Reims,* de Didier Eribon (Libros del Zorzal, 2022).

Antón recomienda *Nós, *s inadaptad*s. Representações, desejos e histórias LGBTIQ na Galiza,* VV.AA. (Através Editora, 2020).

Txus recomienda el libro de artículos de opinión *La serpiente: Artículos de desobediencia,* de Sònia Moll (Godall Edicions, 2019), el libro de testimonios LGBTIQA+ *Kabaret Ploma 2 - Socialicemos las lentejuelas,* de Rampova (Ed. Imperdible, 2020), y *Follando con mujeres trans (Fucking Trans Women),* de Mira Bellwether (Editorial Descontrol, 2022).

Héctor recomienda *Brujería y contracultura gay,* de Arthur Evans, en traducción de Valentina Ripani (Editorial Descontrol, 2022).

Gabriela recomienda las crónicas *Loco afán, crónicas del sidario,* de Pedro Lemebel (Anagrama, 2000), y el texto híbrido entre ensayo, autobiografía y poesía *La frontera,* de Gloria Anzaldúa, en traducción de Carmen Valle (Capitan Swing, 2016).

Sara recomienda *Fantasías eróticas,* de Cristina Peri Rossi (Temas de Hoy, 1993).

Índice

Prólogo. Una imaginación radical,
   de Ángelo Néstore   7

Parte I
SOY UNA FERIA

JUANPE SÁNCHEZ LÓPEZ
Los cielos terrestres   19
2020. las formas lingüísticas o algo más están
   atravesadas inevitablemente por otras for-
   mas como las de producción, instrumenta-
   lización y profesionalización y algo más y les
   impiden coincidir en tiempos y espacios
   iguales condenándoles a una ausencia per-
   manente   24
Souvenirs de mis novios: o cómo los recuerdos
   cambian de color   27
Mi amiga me dice que todos estamos más o
   menos deprimidos   32

BERTA GARCÍA FAET

Elegía desde el silencio que queda en el campo
    de batalla una vez Troya-mi corazón queda
    devastada (I, II, III, IV y V) 37
Emma (I, II, III y IV) 46
Oye qué edad tienes? Pareces una mujer 50

HÉCTOR ACEVES

    II. Poema tradicional de amor 55
    III. Si Venus fuese un chico 57
    VI. Variación de un fragmento de Safo 60
    XIV. Los amantes se quedan dormidos al
        final 63
XXVI. Lugares donde quienes se amaron se
        amaron mucho 65

Parte II
ALUCINACIONES

GABRIELA WIENER

Huaco erótico 75
Embarazadas 79
Idea para una versión antirracista de Otelo 83
Ligándome una ucraniana 86

Txus Garcia

Mama 91

Panspermia 94

Panem et circenses 97

Padre 98

Poeto 101

No debería Vd. 104

¡Cuidado! 105

Roberta Marrero

Cuerpo trans 111

Proletariado del Amor (pensando en S.) 113

La travesti dijo 114

XXIV 116

XXVIII 118

Navaja 120

XXXV 121

XXXIX 123

Antón Lopo

Traducción al castellano de Ismael Ramos

[*Poeta namorado. Dúas da mañá*] 128

[Poeta enamorado. Dos de la madrugada] 129

[*Trans en excursión nocturna. Dúas e media da
    mañá*] 130

[Trans en excursión nocturna. Dos y media de
    la madrugada] 131

[*Poeta namorado. Tres menos cuarto da mañá*] 132

[Poeta enamorado. Tres menos cuarto de la
   madrugada] 133

[*Trans ás catro e media da mañá*] 134

[Trans a las cuatro y media de la madrugada] ... 135

A terceira nai 138

La tercera madre 139

O río 142

El río 143

Movementos mínimos 150

Movimientos mínimos 151

PARTE III
BENDITA IMAGINACIÓN

SARA TORRES

[Yo abro tu pecho con mis diez dedos] 169

[Ellos me dijeron] 171

[y llegará pisando finas caracolas] 174

[de la que aún es joven] 176

[subiría al coche de caballos] 179

[:: con la fuerza de ¿dos brazos?] 180

[:: alguien acerca un pan al fuego] 182

[:: en la tristeza puede medrar] 183

Pol Guasch
Traducción al castellano de Gonzalo Hermo
Res en mon vers no pot fallir 186
Nada en mi verso puede fallar 187
Croada creuada 188
Cruzada que se cruza 189
[*Jo et diria, amiga meva*] 190
[Yo te diría, amiga mía] 191
[*Ens queda encara cel per esmunyir*] 192
[Nos queda todavía cielo por deslizar] 193
Poema de la fi II 194
Poema del fin II 195
Del cretaci a avui al matí 198
Del cretáceo a hoy por la mañana 199
[*Aquí, hi he estat abans*] 200
[Aquí he estado antes] 201
Quart esbós i últim 204
Cuarto esbozo y último 205

Laia López Manrique
(Lo) 209
Nora Flood y Robin Vote 211
Phantom Among Phantoms 212
No 214
Rasgad las vestiduras 216
La canción de Lilith 218

Epítetos lésbicos 219
Telegrama 220

Procedencia de los poemas 223
Semblanzas 227
Nuestra biblioteca abierta y extraña 237